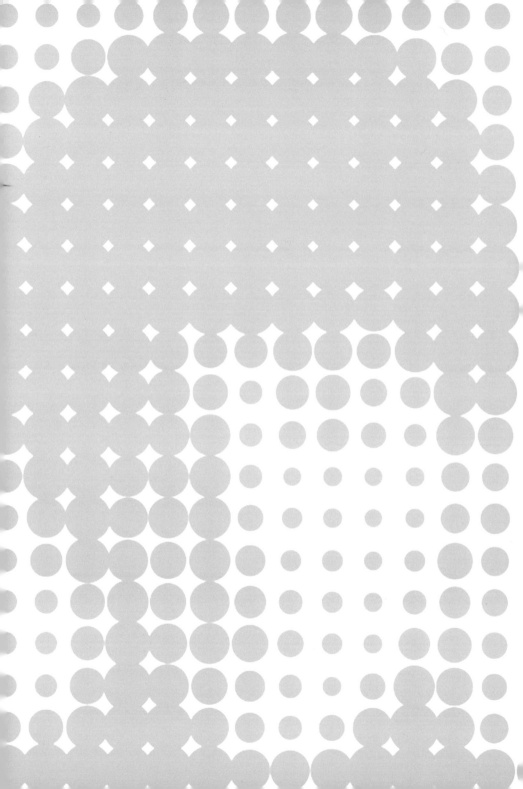

ビートルズにまつわる言葉をイラストと豆知識でヤァ!ヤァ!ヤァ!と読み解く

# ビートルズ語辞典

THE BEATLES

藤本国彦

ビートルズを知って、早40年以上。
いまだに全く飽きずに、あれこれほじくっています。
この先も変わることはないでしょう。
なぜ、そんなに長く？　と訊かれることがたまにあります。
曲の良さはもちろんです。
でも、一言で言うなら、4人のキャラが面白い。
記者会見でのやりとりをはじめ、まさに当意即妙。
権威的でもないし、頭でっかちでもない。
どんな困難も、笑いとユーモアで乗り切ってしまえる柔軟さがある。

もうひとつ、「ビートルズ神話」の数々が面白い。
いや、「神話」と言うよりも、「逸話」と言ったほうがいいでしょう。
「ビートルズは神」と言うファンも多いけれど、
「神棚」に祭り上げるのはもったいない。
言動や振る舞いが、あまりにも「人間臭い」からです。
そんな彼らの人間的魅力も交えて、
ビートルズにまつわる言葉を集めてみました。
知れば知るほどビートルズが好きになる。
そんなきっかけになれば、と願っています。

# この本の楽しみ方!

ページをめくるたびにワクワクがつまっています

初心者から自称マニアの大ファンまでビートルズに興味のある方なら楽しめる内容です。ビートルズにまつわる言葉を50音順に取り上げています。

**欧文の表記**
見出し語の中で欧文表記があるものは表記しています。

**見出し語**
ビートルズに関する言葉を選んで入れています。

【例】

**ジ・アーリー・ビートルズ**
The Early Beatles ㋐

　ビートルズが儲かることがわかったアメリカの大手キャピトル・レーベルが発売を決めたアメリカ編集盤のひとつ(65年3月22日発売)。キャピトルよりはるかに小規模のヴィージェイとの契約が切れたアルバム『イントロデューシング・ザ・ビートルズ』の新装版である。イギリスのデビュー・アルバム『プリーズ・プリーズ・ミー』から「アイ・ソー・ハー・スタンディング・ゼア」「ミズリー」「ゼアズ・ア・プレイス」を除く11曲を収録——

『アワ・ワールド』用にジョンが書き、15枚目のシングルとして67年7月7日に発売された(英米1位を記録)。イギリス代表として同番組に出演したビートルズは、アビイ・ロード・スタジオにミック・ジャガー、キース・リチャーズ、エリック・クラプトンなどを招き、この新曲を披露した。

**あいすません**
Aisumasen (I'm Sorry) ㋕

　ジョン初の日本語タイトルの曲で、原題

**言葉の解説**
見出し語の詳しい解説です。軽やかにまとめています。

**見出し語の下の記号**

㋐…アルバム名　　㋩…人物名
㋕…曲名　　　　　㋸…場所
㋹…発言　　　　　㋽…楽器
㋾…書籍名・会報名　㋫…番組名
㋯…映画名

その他に、ビートルズをさらに好きになってしまうコラムもたくさん入っています。興味のある言葉、面白そうと感じたところから、自由に楽しんでください!

※本書の内容は全て2017年5月末現在のものです。

## ビートルズ語辞典　もくじ

- **002** はじめに
- **004** この本の楽しみ方！
- **005** もくじ
- **010** The history of The BEATLES（写真で振り返るビートルズの歴史）
- **026** Profile

### 🍎 あ

- **036** ジ・アーリー・ビートルズ／アイ・アム・ザ・ウォルラス／愛こそはすべて／あいすません／アイ・ソー・ハー・スタンディング・ゼア／アイ・フィール・ファイン
- **037** アイ・ミー・マイン🎵／アイ・ミー・マイン📖／アイム・ザ・グレーテスト／青盤（ザ・ビートルズ1967年〜1970年）／赤盤（ザ・ビートルズ1962年〜1966年）
- **038** 悪霊島／アクロス・ザ・ユニバース／浅井慎平／朝日美術／アストリット・キルヒヘル
- **039** 明日への願い／アップル／アップル・ビル／アップル・ブティック／後追いコーラス／アナザー・ガール
- **040** アニメ・ビートルズ／あの雲の向こうに／アビイ・ロード／アビイ・ロード・スタジオ／アメリカ編集盤
- **041** アラン・ウィリアムズ／アラン・クライン／アラン・パーソンズ／アル・キャップ／アル中／アル・ブロドックス
- **042** アンガス・マクビーン／アンディ・ホワイト／イアン・マクミラン／E・H・エリック／EMIハウス
- **043** EMI／EP／YES／イエスタデイ／家出少女／イエロー・サブマリン🄰
- **044/045** 〔コラム〕 London Map
- **046** イエロー・サブマリン🎵／イエロー・サブマリン🎬／イエロー・サブマリン〜ソングトラック〜／イエロー・サブマリン音頭／石坂敬一／いきなりヴォーカル／It's a drag
- **047** 愛しのフリーダ／犬にしか聞こえない／イマジン🄰／イマジン🎵／イメルダ・マルコス／インスタント・カーマ
- **048** インストゥルメンタル／イン・スパイト・オブ・オール・ザ・デインジャー／インディカ・ギャラリー／インド音楽／インドラ
- **049** イントロデューシング・ザ・ビートルズ／インプロヴィゼイション／イン・マイ・ライフ／ヴィクター・スピネッティ
- **050** ヴィージェイ／ウィズ・ザ・ビートルズ／ヴィニ・ポンシア／初孫／ウイングス
- **051** WAR IS OVER！／ウォーキング・オン・シン・アイス／ウォール・オブ・サウンド／VOXアンプ／ウクレレ／失われた週末
- **052** 宇宙中継／ウブジュブ／AIRスタジオ／ADT／EIGHT DAYS A WEEK - The Touring Years／8トラック録音
- **053** エヴァリー・ブラザーズ／エヴリボディーズ・ゴット・サムシング・トゥ・ハイド・エクセプト・ミー・アンド・マイ・モンキー／SP／エディ・クレイトン・スキッフル・グループ／エド・サリヴァン／エド・サリヴァン・ショウ
- **054/055** 〔コラム〕 Liverpool Map
- **056** エピフォン・カジノ／エピフォン・テキサン／F1／エベレスト／エボニー・アンド・アイボリー／絵本ジョン・レノンセンス
- **057** MBE勲章／MPL／エリック／エリック・アイドル／エリック・クラプトン
- **058** エリック・スチュワート／エリナー・リグビー／襟なし服／エルヴィス・コステロ／エルヴィス・プレスリー／LSD
- **059** エルトン・ジョン／LP／エレファンツ・メモリー／エンパイアステートビルよりハイな気分だ／エンプレス・パブ
- **060** エンボス加工／王将／オーディションに受かるといいけど／オール・シングス・マスト・パス／オールディーズ
- **061** オール・マイ・ラヴィング／おがくず／おかしなおかしな石器人／オス（押忍）／オデオン／おばあちゃんメガネ
- **062** オブ・ラ・ディ、オブ・ラ・ダ／お前はアホだ／オリヴィア・アライアス／オリンピック・サウンド・スタジオ／オン・エア〜ライヴ・アット・ザ・BBC Vol.2／女は世界の奴隷か！

### 🍎 か

- **064** カーニヴァル・オブ・ライト／ガール／ガール・イズ・マイン／カール・パーキンス／カイザーケラー

- 065 カイリ／カウベル／鏡の国のアリス／香月利一／金の無駄
- 066 カミング・アップ／カム・トゥゲザー／カモメの鳴き声／加山雄三／軽井沢
- 067 彼氏になりたい／革ジャン／カンボジア難民救済コンサート／キース・リチャーズ／機関車トーマス
- 068 キニー／ギネス・ブック／きのう切ったよ／樹の花／ギブソン J-160E／キャヴァーン・クラブ
- 069 キャピトル／キャンディ／キャント・バイ・ミー・ラヴ／キャンドルスティック・パーク／Can you dig it?／キリスト発言
- 070-071 コラム ビートルズ切手コレクション
- 072 グーン・ショー／クォリーメン／クラヴィオリン／クラウス・フォアマン／クラウド・ナイン
- 073 クラトゥ／クラブ・サンドイッチ／クラプトンを入れればいい／クラベス／グラミー賞
- 074 グリーンピース／クリス・トーマス／クリスマス・レコード／グリン・ジョンズ／グレイプス／グレープフルーツⒶ／グレープフルーツ㊍
- 075 グレッチ・カントリー・ジェントルマン／グレッチ・デュオ・ジェット／グロウ・オールド・ウィズ・ミー／ケイオス・アンド・クリエイション・イン・ザ・バックヤード〜裏庭の混沌と創造／KKK／ゲット・バック
- 076 ゲット・バック・セッション／ケロッグのコーンフレーク／弦楽四重奏／原爆ドーム／恋を抱きしめよう
- 077 効果音／ゴールデン・スランバー〜キャリー・ザット・ウェイト〜ジ・エンド／コールド・ターキー／ゴールド・パーロフォン／国旗帯／ゴッド
- 078 ゴドレー＆クレーム／5人目のビートルズ／ゴフィン=キング／55,600人／ゴミ箱行き／これがビートルズ／コンサート・フォー・ニューヨーク・シティ

### さ

- 080 サーカスのポスター／再結成／サインはしない／サタデー・ナイト・ライヴ／ザック・スターキー
- 081 サージェント・ペパーズ・ロンリー・ハーツ・クラブ・バンド
- 082 ザップル／thenewno2／サムシング／サムシング・ニュー／サムタイム・イン・ニューヨーク・シティ
- 083 慈愛の輝き／シーズン・オブ・グラス／シー・ラヴズ・ユー／ジーン・ヴィンセント／シェア・スタジアム／ジェイペイジ・スリー
- 084 ジェイムズ・マッカートニー（父）／ジェイムズ・マッカートニー（息子）／ジェイムズ・ポール・マッカートニー／シェー／ジェーン・アッシャー
- 085 ジェフ・エメリック／ジェフ・リン／ジェリービーンズ／時事放談／シタール
- 086 シマウマ／ジミー・ニコル／ジミ・ヘンドリックス／下山鉄三郎／ジャッキー・ロマックス
- 087 上海サプライズ／12月8日／ジュリア・スタンリー／ジュリアン・レノン／上位5位独占
- 088 ジョー・ウォルシュ／ジョージ脱退／ジョージ・ハリスン／ジョージ・マーティン／ショーン・レノン
- 089 コラム ポール武道館観戦記
- 090 ジョニー＆ザ・ムーンドッグス／ジョン、つまみ出される／ジョンとポール脱出／ジョンとヨーコのバラード／ジョンの魂／ジョン・レノン
- 091 如雲玲音／ジョン・レノンの僕の戦争／ジョン・レノン・ミュージアム／シラ・ブラック／シルヴァー・ビートルズ／シンシア・パウエル
- 092 真珠の間／スージー・アンド・ザ・レッド・ストライプス／過ぎ去りし日々／スキッフル／スキヤキ／すきやき
- 093 スキャッフォルド／スクランブルド・エッグ／寿司／スター・クラブ／スターティング・オーヴァー／スタートリング・ミュージック
- 094 スチュアート・サトクリフ／スティーヴィー・ワンダー／ステラ・マッカートニー／ステレオ！これがビートルズ Vol.1／ステレオ！これがビートルズ Vol.2
- 095 ストーンヘンジ／ストロベリー・フィールズ・フォーエバー／ストロベリー・フィールド／スパイ・ライク・アス／スプリンター
- 096 隅田川／相撲／スモーキー・ロビンソン／スライド・ギター／スリー・フィンガー
- 097 セイウチ／セイ・セイ・セイ／セサミ・ストリート／セッションズ／セット・オン・ユー／SELTAEB
- 098 007死ぬのは奴らだ／1005号室／前座／セント・ピーターズ教会／空に書く／それはポールの曲だ

##  た

- 100 ダーティ・マック／大麻／タイム・テイクス・タイム／髙嶋弘之／抱きしめたい
- 101 竹中労／タコくんのおにわ／ダコタ・ハウス／タッグ・オブ・ウォー
- 102 脱退宣言（ジョン）／脱退宣言（ポール）／ダニー・ハリスン／ダブル・ファンタジー／玉の井親方
- 103 黙れ!／太郎と花子／チープ・トリック／地球を守ろう／チズウィック・ハウス
- 104 千鳥足／血の日曜日事件／チャールズ・マンソン／チャック・ベリー
- 105 中部日本放送／ちょうどいい／チョコレート／沈黙の5年間／ツイスト・アンド・シャウト
- 106 ア・デイ・イン・ザ・ライフ／ディック・ジェイムス／ティッテンハースト・パーク／デイ・トリッパー／ディン・ドン、ディン・ドン
- 107 コラム ビートルズが聴ける店　1・2
- 108 デヴィッド・ピール／デヴィッド・ボウイ／テープの逆回転／テープ持ち逃げ／テーラー山形屋
- 109 デゾ・ホフマン／デッカ・オーディション／デニー・レイン／手旗信号／手拍子／デル・シャノン
- 110 デレク・テイラー／電子音楽／ドイツ語版／トゥイギー／トゥイッケナム・スタジオ
- 111 トゥー・ヴァージンズ／2トラック録音／東京ビートルズ／東京ビートルズ・ファン・クラブ
- 112 東芝音楽工業／20グレイテスト・ヒッツ／28IF／盗聴事件／トゥモロー・ネバー・ノウズ／土下座
- 113 トッド・ラングレン／トニー・シェリダン／トニー・バーロウ／ドノヴァン
- 114 トライデント・スタジオ／トラヴェリング・ウィルベリーズ／ドラゴン・ギター／ドラムのロゴ／どんぐりイベント

##  な

- 116 ナーク・ツインズ／ナイジェル・ゴドリッチ／ナウ・アンド・ゼン／永島達司／ナック
- 117 72％／涙の乗車券（ティケット・トゥ・ライド）／ナンシー・シェヴェル／ニール・アスピノール／ニール・イネス
- 118 ニール・ヤング／ニッキー・ホプキンス／22番／西新宿／日本武道館／292回
- 119 213番目に好きな曲／日本公演／日本人はいるかい?／日本刀／日本編集盤／入院
- 120 ニルソン／ヌートピア宣言／ネクタイが気に入らない／NEMS／眠れるかい?
- 121 ノーウェアボーイ／ノーザン・ソングス／ノーマン・スミス／ノラ・ジョーンズ／ノルウェーの森（ノーウェジアン・ウッド）
- 122 コラム ビートルズが聴ける店　3・4

##  は

- 124 ハーゲンダッツの抹茶アイス／ハード・デイズ・ナイト(アル)／ア・ハード・デイズ・ナイト(曲)／ハード・デイズ・ナイト(映)／ハード・デイズ・ナイト・ホテル／バーナード・ウェブ
- 125 バーバラ・バック／ハーフ・シャドウ／ハープシコード／ハー・マジェスティ／ハーモニウム
- 126 ハーモニカ／パーロフォン／ハイド・パーク／パイレート・ソング／ハウス・ハズバンド／ハウ・ドゥ・ユー・ドゥ・イット／バグパイプ
- 127 パスト・マスターズ Vol.1／パスト・マスターズ Vol.2／裸踊り／バッキンガム宮殿／バッグ・イン
- 128 バック・ビート／バッグ・ワン／バッドフィンガー／バッド・ボーイズ／バッハのブーレ
- 129 法被／ハッピー・クリスマス／パティ・ボイド／バディ・ホリー／ハモンド・オルガン
- 130・131 コラム あなたは誰に似てる!?
- 132 バリー・マイルズ／ハリウッド・ボウル／ハリソングス／ハロー・グッドバイ／パロディ・ジャケット／ハワイ／半掛け帯
- 133 バングラデシュ・コンサート／ハンター・デイヴィス／バンド・オン・ザ・ラン(アル)／バンド・オン・ザ・ラン(曲)／ハンドメイド・フィルムズ／バンビ・キノ
- 134 ハンブルク／ヒア・トゥデイ／ピアノ／PA／ピース&ラヴ／ピーター&ゴードン
- 135 ピーター・セラーズ／ピーター・フォンダ／ビーチ・ボーイズ／ビート・ブラザーズ
- 136・137 コラム World Tour Map
- 138 ビート・ベスト／ビートルズ!／ザ・ビートル

ズ（ホワイト・アルバム）／ザ・ビートルズ・アンソロジー／ビートルズからのラブ・レター／ザ・ビートルズ史

139 ビートルズVI／ビートルズ '65／ザ・ビートルズ '65 BOX／ザ・ビートルズ '64 BOX／ビートルズ・ストーリー⑬／ビートルズ・ストーリー㊗／ザ・ビートルズ・セカンド・アルバム

140 ビートルズ台風／ビートルズ東京／ビートルズ No.2！／ビートルズ No.5！／ビートルズ バラード・ベスト20／ビートルズ・フォー・セール／ビートルズ・マンスリー

141 ザ・ビートルズ・ムービー・メドレー／ビートルズ物語／ザ・ビートルズ・ライヴ!! アット・ザ・BBC／ビートルズ・レポート／ザ・ビートルズ 1／ビートルズを信じない

142 ビートルズを叩き出せ！／ビートルマニア／BBCラジオ／左利き／ビッグ・スペシャル

143 ひらけポンキッキ／ビリー・ジョエル／ビリー・プレストン／ヒルトン・ホテル／ビル・ハリー

144 ヒロシマ・スカイ・イズ・オールウェイズ・ブルー／FAB／ファブ・フォー／ファン・クラブ／フィードバック／フィッシュ・アンド・チップス

145 フィル・コリンズ／フィル・スペクター／フィル・ラモーン／ブートレグ／ザ・フール

146 **コラム** ビートルズソング

147 フール・オン・ザ・ヒル／フェンダー・ストラトキャスター／フェンダー・テレキャスター／フォーエヴァー帯／4トラック録音／フォー・ユー・ブルー

148 福助／不思議の壁／藤村俊二／ふたりだけの窓／ブッチャー・カヴァー／太ったエルヴィス

149 フライアー・パーク／ブライアン・ウィルソン／ブライアン・エプスタイン／プラスティック・オノ・バンド／プラスティック・マックス

150 ブラックバード／フラワーズ・イン・ザ・ダート／フラワー・ムーヴメント／フランク・シナトラ／フランシー・シュワルツ

151 フリー・アズ・ア・バード／プリーズ・プリーズ・ミー㊐／プリーズ・プリーズ・ミー㊊／フリーダ・ケリー／ブリジット・バルドー／ブリティッシュ・インヴェイジョン

152 プリンス／プリンス・オブ・ウェールズ／プリンス・トラスト・コンサート／プルーデン・ファロウ／フレイミング・パイ／ブレイン

ウォッシュト

153 フレッド・シーマン／フレッド・レノン／フローズン・ジャップ／フロム・ミー・トゥ・ユー／プロモーション・ヴィデオ

154 **コラム** ビートルズグッズ

155 ヘイ・ジュード／ペイパーバック・ライター／平和を我等に／ベートーヴェンの詩／ペートルス

156 ヘザー・ミルズ／ベジタリアン／ベッド・イン／別名／ベトナム戦争／ペニー・レイン

157 ペニー・レインの床屋／ヘフナー・ベース／ヘルター・スケルター／ヘルプ！㊐／ヘルプ！㊊

158 ヘルプ！（4人はアイドル）／ヘレン・シャピロ／放送禁止／ボーイズ／ポール・イズ・ライヴ／ポール・サイモン

159 ポール死亡説／ポール・マッカートニー／星加ルミ子／ホット・アズ・サン

160 ポップ・ゴー・ザ・ビートルズ／ボブ・ウーラー／ボブ・グルーエン／ボブ・ディラン／ポリドール／ボンゾ・ドッグ・ドゥー・ダー・バンド

**ま**

162 マーク・チャップマン／マーク・ハドソン／マーク・ボラン／マーク・ルイソン／マーサ／マージー・ビート／マーティン・スコセッシ

163 マーティンD-28／マイク・マクギア／マイケル・ジャクソン／マイケル・リンゼイ＝ホッグ／マイ・スウィート・ロード

164 マイ・ポニー／マウス・ベース／マジカル・ミステリー・ツアー㊊／マジカル・ミステリー・ツアー㊠／マディソン・スクエア・ガーデン／マジック・アレックス

165 マジック・クリスチャン／マジック・ピアノ／マシュー・ストリート／マスクト・マラウダーズ／マダム・タッソー

166 **コラム** ガールフレンド大賞

167

168 マッカートニー／マッシュルーム・カット／松尾芭蕉／待った！／松田行正／マッド・デイ・アウト

169 マトリックス／マドンナ／マハリシ・マヘシ・ヨギ／幻の主演映画／幻の日本公演（ジョン）／幻の日本公演（ポール）／マラカス

- 170　マル・エヴァンス／マレー・ザ・K／万平ホテル／ミート・ザ・ビートルズ！／ミート・フリー・マンデイ／見ざる・言わざる・聞かざる／ミスター・ムーンライト
- 171　水野晴郎／味噌汁／ミック・ジャガー／ミミおばさん／ミュージック・ライフ／ミリタリールック
- 172　メイ・パン／メリー・ホプキン／メリルボーン登記所／メロトロン／毛沢東
- 173　モーリン・クリーヴ／モーリン・コックス／モナ・ベスト／モハメド・アリ／モンキーズ／モンティ・パイソン／モントセラット島
- 174　**コラム**　ジョンとポールが出会った日

## や　ら　わ

- 176　ヤァ！ブロード・ストリート／UFO／ユー・ノウ・マイ・ネーム／指に水膨れができちゃったよ！／夢の旅人
- 177　夢の夢／ユルゲン・フォルマー／ヨーコ・オノ／4人が描いた絵／48億円
- 178　ライヴ・アット・ザ・ハリウッド・ボウル／ライヴ8／ライヴ・エイド／ライヴ・ピース・イン・トロント／ラヴ／ラヴ＆ピース
- 179　ラヴ・ソングス／ラヴ・ミー・ドゥ／ラヴィ・シャンカール／ラッキー・ナンバー／ラディック・ブルーノート
- 180　ラトルズ／ラバー・ソウル／ラム／ラリー・ケイン／らりるれレノン／リアル・ラヴ
- 181　リーバー＝ストーラー／リール・ミュージック／リヴァプール／リヴァプール8／リヴィング・イン・ザ・マテリアル・ワールド／リコーダー
- 182-183　**コラム**　素敵なパロディ・ジャケット
- 184　リザーランド・タウンホール／リターン・トゥ・ペパーランド／リチャード・ニクソン／リチャード・ヒューソン／リチャード・レスター／リッケンバッカー325
- 185　リッケンバッカー12弦ギター／リッケンバッカー4001S／リトル・リチャード／LIPA／リボルバー／リング・オー
- 186　リンゴ／リンゴイズム／リンゴ・スター／リンゴ・スター＆ヒズ・オール・スター・バンド／りんごすったー／リンゴズ・ロートグラヴィア
- 187　リンゴ脱退／リンダ・イーストマン／ルーシー・オドネル／ルーツ／レイモンド・ジョーンズ／レインクラウズ
- 188　レゲエdeゲリラ／レコード焼き討ち／レット・イット・ビー㊥／レット・イット・ビー㊠／レット・イット・ビー／レット・イット・ビー㊥／レット・イット・ビー…ネイキッド
- 189　レディ・マドンナ／レノン＝マッカートニー／レボリューション／レボリューション 9／ロイ・オービソン
- 190-191　**コラム**　**Beatles Q**
- 192　ロイヤル・アルバート・ホール／ロイヤル・ヴァラエティ・パフォーマンス／老子／ローマ法王とマリファナ／ローリング・ストーンズ／ローンチー／ロカビリー・セッション
- 193　ロケストラ／ロスト・レノン・テープス／ロック・アンド・ロール・ミュージック／ロック・ショー／ロックの殿堂／ロックン・ロール
- 194　ロックン・ロール・サーカス／ロックンロール・リヴァイヴァル・ショー／ロッド・スチュワート／ロニー・スペクター／ロバート・ウィテカー／ロバート・スティグウッド／ロバート・フリーマン
- 195　ロリー・ストーム＆ザ・ハリケーンズ／ロン・ウッド／ザ・ロング・アンド・ワインディング・ロード／ロンドン・パヴィリオン／ロン・ハワード
- 196　ワイド・オープン／ワイルド・ライフ／ワシントン・コロシアム／ワンダーウォール／ワン・トゥ・ワン・コンサート
- 197　**コラム**　ビートルズなんでも記念日
- 198　おわりに

【とじこみ付録】
213・DISCOGRAPHY
FUJIMOTO'S FAVORITE SOLO ALBUMS

# The history of
# THE BEATLES

ビートルズは、いかにして「ビートルズ」になったのか?
1956年にジョンが結成したクォリーメンから1970年の解散まで、
顔もどんどん変わっていく"イカした4人組"の歴史を、
貴重な写真とともに振り返ります!

# 1956-1959

| | |
|---|---|
| 1956年5月 | ジョン、初のバンド、クォリーメン結成 |
| 1957年7月6日 | ジョンとポールがセント・ピーターズ教会で出会う |
| 1957年10月18日 | ポール、クォリーメンに加入 |
| 1958年2月6日 | ジョージ、クォリーメンに加入 |
| 1959年11月 | リンゴ、ロリー・ストーム&ザ・ハリケーンズに加入 |

リンゴは別のグループで活躍中！

# 1960-1962

| | |
|---|---|
| 1960年6月 | ビートルズ誕生 |
| 1960年8月15日 | ピート・ベスト加入 |
| 1961年6月22日〜24日 | トニー・シェリダンのバック・バンドとしてドイツで初録音 |
| 1961年12月3日 | ブライアン・エプスタインがマネージャーに就任 |
| 1962年1月1日 | デッカ・オーディションを受ける |
| 1962年6月6日 | EMIのオーディションを兼ねた初レコーディング |
| 1962年8月16日 | ピート・ベスト脱退 |
| 1962年8月18日 | リンゴ加入 |
| 1962年8月23日 | ジョン、シンシア・パウエルと結婚 |
| 1962年9月4日 | EMIスタジオで初レコーディング |
| 1962年10月5日 | シングル「ラヴ・ミー・ドゥ」でデビュー |

やんちゃな4人にマナーを教える

2月に不合格通知

まさかの解雇！

翌年4月にジュリアン誕生

# 1963

出すシングル、すべて1位!
世界の頂点を目指してライヴ活動とレコード制作を精力的に続け、
イギリスで「ビートルマニア」と呼ばれる
社会現象が起きた記念すべき1年

- 1月11日 …… セカンド・シングル「プリーズ・プリーズ・ミー」発売 〔come on, come on!〕
- 3月22日 …… デビュー・アルバム『プリーズ・プリーズ・ミー』発売
- 10月13日 …… "ビートルマニア"誕生
- 11月4日 …… 『ロイヤル・ヴァラエティ・ショー』に出演。ジョンの有名な発言 〔「安い席の人は拍手をしてください。その他の席の方は宝石をジャラジャラ鳴らしてください!」〕
- 11月22日 …… セカンド・アルバム『ウィズ・ザ・ビートルズ』発売

世界に向けて羽ばたいていく"アイドル直前"のはちきれんばかりの笑顔が最高!
(1963年7月2日) ©Norman Parkinson Archive/Corbiss

"世界制覇"への大きな一歩となった
「抱きしめたい」をテレビ番組で演奏
（1963年11月25日）
©David Redfern/Redferns

# 1964

アメリカ初上陸から初の主演映画
『ハード・デイズ・ナイト』の公開などをきっかけに、
イギリスから世界へと、ファンを急速に
虜にしていった上り調子な1年

ついにアメリカ初上陸! ジョージが「髪の毛はきのう切った」と言った空港での記者会見
(1964年2月7日) ©Rolls Press/Popperfoto/Getty Images

| | | |
|---|---|---|
| | 2月1日 | ……「抱きしめたい」が全米1位を獲得 |
| | 2月5日 | ……日本でもデビュー・シングル「抱きしめたい」発売 |
| ついに!! | 2月7日 | ……アメリカ上陸 |
| | 2月9日 | ……『エド・サリヴァン・ショー』に出演 |
| 72%の視聴率 | 2月11日 | ……初のアメリカ公演をワシントン・コロシアムで行なう |
| | 3月2日 | ……初の主演映画『ハード・デイズ・ナイト』撮影開始 |
| | 4月4日 | ……アメリカのシングル・チャートで1位から5位を独占 |
| | 6月4日〜30日 | ……初のワールド・ツアー |
| | 7月10日 | ……3枚目のアルバム『ハード・デイズ・ナイト』発売 |
| 予約75万枚!! | 12月4日 | ……4枚目のアルバム『ビートルズ・フォー・セール』発売 |

7300万人が番組を観たという『エド・サリヴァン・ショー』での溌剌とした演奏シーン
（1964年2月9日）©CBS

# 1965

シェア・スタジアム公演で
屋外の観客動員記録を作るなど、人気は頂点に。
その一方でアイドルとアーティストの
狭間で苦悩する大きな転換期となった1年

- 2月11日 …… リンゴ、モーリン・コックスと結婚
- 6月15日 …… 『ミュージック・ライフ』の星加ルミ子編集長がビートルズを訪問
- 7月29日 …… 映画『ヘルプ!』プレミア公開
- 8月6日 …… 5枚目のアルバム『ヘルプ!』発売
- 8月15日 …… ニューヨーク、シェア・スタジアム公演 〔屋外公演の観客動員数世界記録〕
- 10月26日 …… バッキンガム宮殿でMBE勲章授与
- 12月3日 …… 6枚目のアルバム『ラバー・ソウル』発売

ステージ後方から4人をとらえたパリ公演での演奏シーン。歓声に立ち向かう勇姿である
(1965年6月20日) ©Patrice Habans/Paris Matchs

バッキンガム宮殿でMBE勲章を見せびらかす(?)4人。それぞれの表情の違いに注目（1965年10月26日）
©Keystone-France/Gamma-Keystones

# 1966

レコーディング・アーティストへと転身しつつある時期に、
日本にやって来たビートルズ。
ロックの範疇を超える革新的な音作りへと
歩みを進めた画期的な1年

| | | |
|---|---|---|
| 1月21日 | ジョージ、パティ・ボイドと結婚 | ジョージメロメロ♥ |
| 6月30日～7月2日 | 日本武道館で日本公演 | 計5回 |
| 7月29日 | "キリスト発言"がアメリカで物議を醸す | |
| 8月5日 | 7枚目のアルバム『リボルバー』発売 | |
| 8月29日 | サンフランシスコのキャンドルスティック・パークで公演 | はからずも、これがラスト公演 |
| 11月9日 | ジョン、ロンドンの画廊でオノ・ヨーコと出会う | 運命の出会い!? |

日本公演の最終日に、サングラスをかけて演奏するジョン。ライヴではいつもガニ股である（1966年7月2日）
©Robert Whitaker/Getty Images

# 1967

ヒッピー文化全盛のサイケデリックな時代に
呼応した名盤『サージェント・ペパーズ』が登場。
音を映像化したかのような作品が
次々と生み出されたカラフルな1年

世界衛星生中継番組『アワ・ワールド』出演前日に、EMIスタジオで取材を受ける4人
（1967年6月24日）©RB/Redferns

| | | |
|---|---|---|
| | **1月19日** | アルバム『サージェント・ペパーズ・ロンリー・ハーツ・クラブ・バンド』の制作を本格的に開始 |
| 名盤登場、ロックの歴史は動いた! | **6月1日** | 8枚目のアルバム『サージェント・ペパーズ・ロンリー・ハーツ・クラブ・バンド』発売 |
| | **6月25日** | 史上初の衛星生中継番組『アワ・ワールド』に出演 |
| 享年32 | **8月27日** | ブライアン・エプスタイン死去 |
| | **12月8日** | EP『マジカル・ミステリー・ツアー』発売 |
| | **12月26日** | BBCで映画『マジカル・ミステリー・ツアー』放映 |
| なんと視聴率75% | | |

これは珍しい。『サージェント・ペパーズ』完成記念パーティでペパー軍曹に扮する(?)4人
(1967年5月19日)
©Sunday People/Mirrorpixs

# 1968

マネージャーの死、
そしてアップルの設立——。
ポール主導でバンドから"個"へと
それぞれの意識が徐々に
ビートルズから
離れていった苦悩の1年

**ジョージ、ハマる！**

`2月15日〜4月12日` …… インドに滞在し、マハリシのもとで超越瞑想を行なう

`7月17日` …… 映画『イエロー・サブマリン』のプレミア・ショー

`8月22日` …… リンゴ、ビートルズを一時脱退

`8月30日` …… アップルからの初のシングル「ヘイ・ジュード」発売

`11月22日` …… 『ザ・ビートルズ（通称ホワイト・アルバム）』発売

**初の2枚組アルバム**

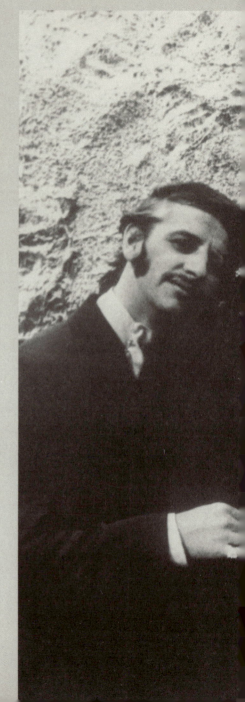

1日がかりで行なわれたフォト・セッション（マッド・デイ・アウト）より。（1968年7月28日）
©Michael Ochs Archives/Getty Images

写真で振り返るビートルズの歴史

# 1969-1970

「もう一度デビューした頃のように」
——バンドとしての原点回帰を望んだポールの想いは叶わず、
解散を意識して制作した『アビイ・ロード』で
有終の美を飾った最後の1年

アップル・ビル屋上で最後の"公開ライヴ"。アイドル時代の面影はどこへ?
(1969年1月30日) ©Express/Getty Images

## 1969年

- 1月2日 …… ゲット・バック・セッション開始
- 1月10日 …… ジョージ、ビートルズを一時脱退
- 1月17日 …… 10枚目のアルバム『イエロー・サブマリン』発売
- 1月30日 …… アップル・ビル屋上でライヴ・レコーディング 〔真冬のゲリラ・ライヴ!〕
- 3月12日 …… ポール、リンダ・イーストマンと結婚 〔恋多きポールがついに!!〕
- 3月20日 …… ジョン、オノ・ヨーコと再婚
- 6月1日 …… ジョンとヨーコ、"ベッド・イン"中に「平和を我等に」を録音
- 8月8日 …… アルバム『アビイ・ロード』のジャケットを撮影
- 9月20日 …… ジョン、ビートルズ脱退をメンバーに告げる
- 9月23日 …… イリノイ州の学生新聞にポール死亡説が掲載 〔P.159に詳細あり!〕
- 9月26日 …… 11枚目のアルバム『アビイ・ロード』発売

## 1970年

- 1月3日 …… ビートルズとしての最後のレコーディング 〔ジョンは不参加〕
- 3月6日 …… シングル「レット・イット・ビー」発売 〔最後の22枚目〕
- 4月10日 …… ポール、ビートルズ脱退を表明
- 5月8日 …… オリジナル・アルバム『レット・イット・ビー』発売 〔最後の12枚目〕
- 5月20日 …… 映画『レット・イット・ビー』公開
- 12月31日 …… ポール、ビートルズとアップルの解散を要求 〔ポール3人を告訴!〕

ジョンの自宅で行なわれた、ビートルズが揃った最後のフォト・セッション(1969年8月22日)
©Mondadori Portfolios

# John Lennon
## ジョン・レノン

**チーフ・ビートル**

**本名**
John Winston Lennon
1940年10月9日（てんびん座）
イギリス、リヴァプール生まれ

**生い立ち**
父アルフレッド・レノンと母ジュリア・スタンリーの長男として誕生。1歳の時にリヴァプール郊外の街、ウールトンのメンローヴ・アヴェニュー215に建つジュリアの姉メアリー（ミミおばさん）の家に預けられる。

**音楽への興味**
16歳の時にスキッフルやロックンロールの虜になり、ミミおばさんにねだってギターを入手。17歳で学校の仲間とクォリーメンを結成。

**演奏楽器**
リズム・ギター、ハーモニカ、ピアノ、パーカッション

**性格**
温厚、柔和
4人の中でいちばん優れた頭脳の持ち主
喧嘩っ早いが他人とうまく付き合える

🍏 **Body**

**サイズ**
| | |
|---|---|
| 身長 | 178cm |
| 体重 | 72kg |
| 胸囲 | 86cm |
| ウェスト | 77cm |
| 腰囲 | 84cm |
| 靴 | 26.6cm |

**身体の特徴**
近眼

**眼と髪の毛の色**
ともにブラウン

## ● 強気でロマンチックな名言集

### 1962
「〈ラヴ・ミー・ドゥ〉が2日でチャート入りしたもんだから、イカサマだろうってみんな思ったはずだ」

### 1963
「才能とは、自分に何かできると信じることだ」

### 1964
「自分が少し傲慢になってきたかなと思ったらリンゴを見ることにしているんだ。僕らがスーパーマンじゃないことを思い知るためにね」

### 1965
「いつの日かビートルズのレコードがティーンエイジャーに売れなくなる時がきても、僕らの作った曲はいつまでも残るだろう。僕らが90歳のおじいさんになっても」

### 1966
「見た目もカッコよく、堂々としていて、ゆっくり寝そべっていられる猫になりたい」

### 1967
「僕らがイメージを作ったんじゃない。みんなが勝手に僕らのイメージを作っているんだ」

### 1968
「自分を偽るかわりに自分自身であろうとする努力を誰もが行なえば、世の中はきっと平和になる」

### 1969
「ジョージは行動的な平和主義者だし、ポールは理知的な平和主義者だし、リンゴは…平和に暮らしているよ」

### 1970
「後悔したことなんかないさ。後悔しているヒマがないからね」

## ● Favorite

**好きな音楽**
リズム・アンド・ブルース、ゴスペル・ソング

**好きな食べもの**
ゼリー、コーンフレーク、カレー料理

**好きなもの**
金と洋服

**好きな衣装**
全体にダークな調子のもの
スエードとレザーの衣服

**好きなタイプの女の子**
控えめで優しい子

**嫌いなもの**
話の下手な人

## ● 占星術による性格判断

**純情な感受性を持つ詩人タイプ**

生まれつき芸術の才があり、際立った言葉を吐かなくても、人を惹きつける力を持っています。非常に誇り高く、人に負けることが嫌いで、名誉を大切にします。また、自分に正直で、嫌なものは嫌とはっきり言う半面、純情な感受性を持ち、繊細でやや神経過敏なところもあります。

※4人のプロフィールは1960年代の調査をもとにしています。

# Paul McCartney
## ポール・マッカートニー

最もかわいい
ビートル

### 本名
James Paul McCartney
1942年6月18日（ふたご座）
イギリス、リヴァプール生まれ

### 生い立ち
父ジェイムズ・マッカートニーと母メアリー・パトリシア・モーヒンの間に誕生。2歳下に弟マイケルがいる。幼少期は引っ越しが多く、13歳の時にフォースリン・ロード20番地へ。

### 音楽への興味
ジャズ・マンだった父の影響で幼い頃から音楽に興味を持つ。14歳の時に父からトランペットをプレゼントされ、楽器屋でトランペットとギターを交換してもらい、ロックンロールにのめり込む。

### 演奏楽器
ベース・ギター、ドラムス、ピアノ、バンジョー 他

### 性格
陽気で頭脳明晰な社交家
考え方が4人の中で最もはっきりしている
その日、その日を力いっぱい生き抜くタイプ

## 🍏 Body

### サイズ
| | |
|---|---|
| 身長 | 178cm |
| 体重 | 72kg |
| 胸囲 | 90cm |
| ウェスト | 76cm |
| 腰囲 | 95cm |
| 靴 | 26cm |

### 身体の特徴
左利き

### 眼と髪の毛の色
ブラウンとダークブラウン

## ● 素直で前向きな名言集

### 1962
「(〈ラヴ・ミー・ドゥ〉のレコーディングについて)あがって足がふるえていたのを覚えている。レコードを聴くと、声までふるえているのがわかるだろ」

### 1963
「お願いだから僕らのことを新しい若者と呼ばないでほしい。だってそんなの、古くさい戯言でしかないんだから」

### 1964
「(アメリカに対する一番の不満は? と訊かれて)紅茶がまずい」

### 1965
「(シェア・スタジアム公演後に)こんなこと、二度とできるかどうかわからないな」

### 1966
「僕らは、レコーディングだけが僕らの音楽を聴いてくれる唯一の手段だと感じている」

### 1967
「僕らが映画を作りたいと思ったのは、これからはレコードを聴いてもらうだけではなく、音を観てもらう時代だと考えたからだ」

### 1968
「僕らはアップルを理想的な組織にしたいんだ。金儲けを追及しない経営者がいる会社っていうのは、初めてじゃないかな」

### 1969
「(ポール死亡説について)僕は死んでないよ。死んだはずの本人が言うんだから間違いない」

### 1970
「僕がビートルズを去ったんじゃない。ビートルズがビートルズを去ったんだ」

## ● Favorite

**好きな音楽**
リズム・アンド・ブルース、モダン・ジャズ

**好きな食べもの**
クラフト・チーズ、チキン、ポテトチップス、サーロイン・ステーキ

**好きなもの**
作詞・作曲

**好きな衣装**
黒っぽいポロシャツ

**好きなタイプの女の子**
ロング・ヘアの知的な子

**嫌いなもの**
ひげそり

## ● 占星術による性格判断

**自己主張が強い、天才肌のファイト・マン**

見かけの柔和な印象からは想像できないほどの大変なファイト・マンです。物事を決して途中であきらめたりせず、根気よく努力します。明るく、悲愴感などカケラもないので、周囲の人には好印象。ただ、自己主張が強く、自説を通すまで引かないところがあります。信用する人と信用しない人を極端に差別し、それを表面に出すため、対人関係で敵を作りやすいことも。

# George Harrison
## ジョージ・ハリスン

最も若くてハンサムな
ビートル

### 本名
George Harold Harrison
1943年2月25日（うお座）
イギリス、リヴァプール生まれ

### 生い立ち
父ハロルド・ハーグリーヴス・ハリスンと母ルイーズ・フレンチの間に4人兄弟（長女ルイーズ、長男ハロルド、次男ピーター）の末っ子として誕生。住所はアプトン・グリーン25番地。

### 音楽への興味
12歳の時からスキッフルやロックンロールのレコードを買うようになり、兄ピーターとデュオを組むためギターを入手。

### 演奏楽器
ギター、ピアノ、ドラムス

### 性格
多少神経質で芸術肌
おとなしい
家でくつろぎたいタイプ
豊かな芸術的才能の持ち主

### 🍏 Body

#### サイズ
| | |
|---|---|
| 身長 | 178cm |
| 体重 | 56kg |
| 胸囲 | 84cm |
| ウェスト | 70cm |
| 腰囲 | 92cm |
| 靴 | 26.6cm |

#### 身体の特徴
八重歯

#### 眼と髪の毛の色
ヘイゼルとダークブラウン

## ● ちょっぴり影のある名言集

### 1962
「（初めてジョージ・マーティンに会った時、何か言いたいことがあるか訊かれて）あんたのネクタイが気に入らないね」

### 1963
「人気なんて水物だからね。来週で終わるか、それとも2〜3年続くかはわからないよ」

### 1964
「もう少し分別がついてたら、ツアーはやらないと言えたんだけどね」

### 1965
「（アメリカ・ツアーを終えて）とにかく休暇がほしい」

### 1966
「シタールをどのように演奏すればいいのかは完全にはまだ知らないんだ。まだ勉強している段階さ」

### 1967
「僕はもう、ビートルズの一員であることを楽しんではいない」

### 1968
「人生なんてありふれたものさ。でも、たいてい、ありふれたものに真実があるんだ」

### 1969
「〈サムシング〉は、レイ・チャールズのような人に歌われることを想定して書いた。たぶんそれまでに僕が書いた曲の中で最高のメロディだね」

### 1970
「ビートルズを引き裂いたのはヨーコやリンダじゃなく、大衆とマスコミだ」

## ● Favorite

**好きな音楽**
リズム・アンド・ブルース、カントリー・ソング

**好きな食べもの**
小ヤギのチョップス

**好きなもの**
車、寝ること

**好きな衣装**
細いズボン（自分でデザイン）

**好きなタイプの女の子**
センスのいいブロンドの小さな子

**嫌いなもの**
砂糖抜きの紅茶

## ● 占星術による性格判断

### 神秘的で透明感を持つ信念の人

上品さと神秘的な思想を身につけています。とてもロマンチックで、すぐれた頭脳と芸術的感覚を持っています。穏健で、品の良い優しさが感じられ、ハデな明るさはないですが、静かな透明感があります。しかし、内面は自分に妥協しない厳しいものを持っており、それだけ悩みや思索も深いでしょう。外見の優雅さの中には、芯の強さが含まれており、理性がしっかり備わっています。

# Ringo Starr
## リンゴ・スター

最も親しみやすいビートル

### 本名
Richard Starkey Jr.
1940年7月7日（かに座）
イギリス、リヴァプール生まれ

### 生い立ち
父リチャード・スターキーと母エルシー・グリーヴの間に生まれる。住まいは労働者階級の中でも特に貧しい地区とされていたディングルのマドリン・ストリート9番地。両親は3歳の時に離婚。

### 音楽への興味
7〜8歳の時にアメリカのカントリー音楽に興味を持つ。17歳の時に義父ハリー・グレイヴスの協力でドラムを本格的に始める。

### 演奏楽器
ドラムス

### 性格
ユーモアとウィットに富む
無口だが話し始めると考え方が深い

## 🍏 Body

### サイズ
| | |
|---|---|
| 身長 | 170cm |
| 体重 | 60kg |
| 胸囲 | 85cm |
| ウェスト | 76cm |
| 腰囲 | 85cm |
| 靴 | 26cm |

### 身体の特徴
おへその上の手術のあと
おでこに大きな傷のあと

### 眼と髪の毛の色
ダークブルーとブラウン

## ● ユニークで仲間思いな名言集

### 1963
「僕は以前から美容院を経営するのが夢なんだ。ストライプ柄のネクタイをして、"お茶はいかがですか？奥様"なんて言って」

### 1964
「仕事は80％で、あとの20％は笑いっぱなし」

### 1965
「ひとりが仲間から抜けたら、このグループはアウトさ。僕は3人と一緒じゃなきゃ、ステージに立つ気なんかない」

### 1966
「(〈イエロー・サブマリン〉について) みんな戦争の歌だと思って、そのうち世界中の人々が潜水艦の中に住むようになるんじゃないかって言うけど、全く関係ないよ」

### 1967
「登り坂にいる時はみんなが味方になってくれる。ところが、てっぺんまで行くと、誰もがその人気者を殴り倒したくなるものだ」

### 1968
「(ヒッピー・カルチャーについて訊かれて) イギリスじゃ終わったね。冬にあんな薄着じゃ寒くてたまらないよ」

### 1969
「(ポール死亡説について) まだ葬儀の案内がきていないんだけど」

### 1970
「僕らはジョンが帰ってくるのを待っているんだ」

## ● Favorite

**好きな音楽**
カントリー・アンド・ウエスタン、リズム・アンド・ブルース

**好きな食べもの**
ビーフステーキ、ポテトチップス

**好きなもの**
いかしたスーツ、車

**好きな衣装**
しゃれたスーツとタイ

**好きなタイプの女の子**
流行に敏感なセンスのいい子

**嫌いなもの**
玉ねぎ、ドナルド・ダック

## ● 占星術による性格判断

**親切で適応力抜群の人気者**

人を惹きつけるパーソナリティと深い情愛を持った性格で、人を喜んで迎え入れる親切で面倒見のよい人です。親しみと優しさを持って接するため、とても人気があります。根が真面目で正直。責任感も旺盛で人に恥じることを恐れます。一つの仕事をやる場合も、なかなか用意周到で緻密な計画を立て、自分が納得してから計画を実行します。

## ジ・アーリー・ビートルズ
The Early Beatles

　ビートルズが儲かることがわかったアメリカの大手キャピトル・レーベルが発売を決めたアメリカ編集盤のひとつ（65年3月22日発売）。キャピトルよりはるかに小規模のヴィージェイとの契約が切れたアルバム『イントロデューシング・ザ・ビートルズ』の新装版である。イギリスのデビュー・アルバム『プリーズ・プリーズ・ミー』から「アイ・ソー・ハー・スタンディング・ゼア」「ミズリー」「ゼアズ・ア・プレイス」を除く11曲を収録――と、キャピトルのセコイ売り方がよくわかる実例でもある。

## アイ・アム・ザ・ウォルラス
I Am The Walrus

　ルイス・キャロルの小説『鏡の国のアリス』所収の「セイウチと大工（The Walrus And The Carpenter）」と、ヨーコとの会話をもとにジョンが書いたサイケデリックな曲。「ハロー・グッドバイ」のB面とEP『マジカル・ミステリー・ツアー』に収録された。67年11月24日に発売され、B面ながら米56位を記録。エンディングには、BBCラジオの番組からシェイクスピア の『リア王』の「第4場第6景」のセリフが流用されている。

## 愛こそはすべて
All You Need Is Love

　やろうと思ってもできないことはできないのか。それとも、やろうと思えば何でもできるのか――ポールでさえ「よくわからない」と言っている、解釈の難しいジョンの曲。67年6月25日に世界31ヵ国で同時放映されたイギリスBBCテレビの生中継番組『アワ・ワールド』用にジョンが書き、15枚目のシングルとして67年7月7日に発売された（英米1位を記録）。イギリス代表として同番組に出演したビートルズは、アビイ・ロード・スタジオにミック・ジャガー、キース・リチャーズ、エリック・クラプトンなどを招き、この新曲を披露した。

## あいすません
Aisumasen (I'm Sorry)

　ジョン初の日本語タイトルの曲で、原題は「Aisumasen (I'm Sorry)」。歌詞に「sanpaku」（三白眼）、「Yoko san」（洋子さん）も登場するが、ジョンはなぜ「洋子さん」に謝ったのか？ 理由は「土下座」の項目をご覧ください。

## アイ・ソー・ハー・スタンディング・ゼア
I Saw Her Standing There

　デビュー・アルバム『プリーズ・プリーズ・ミー』のオープニング曲。ポールがチャック・ベリーの「アイム・トーキング・アバウト・ユー」のベース・リフを取り入れ、10代後半（61～62年）に作曲した初期の代表曲のひとつである。"1-2-3-4"で始まるポールのイントロのカウントに、まずやられてしまう。2017年の日本公演でも、ポールは3日目（4月29日）のアンコールで歌った。

## アイ・フィール・ファイン
I Feel Fine

　イントロにギターのフィードバックを取り入れた8枚目のオリジナル・シングル。64年11月27日に発売さ

れ、英米1位を記録した。実際はどうだったかはさておき、フィードバックを取り入れたロックはこれが初めてだったとジョンは後に語った。「カム・トゥゲザー」へと繋がる"ファンキーなビートルズ"の第1弾である。

## アイ・ミー・マイン
*I Me Mine* 曲

『レット・イット・ビー』に収録されたジョージの曲。「ゲット・バック・セッション」(69年1月)でポールのワンマンぶりに嫌気がさしたジョージが、1月7日にポールに向けて作った。そのセッションでは完成に至らず、ジョン脱退後の70年1月3日に3人で録音された。

## アイ・ミー・マイン
*I Me Mine* 本

79年に発売されたジョージ初の著書。デレク・テイラーの聞き書きによる伝記をまじえ、手書きの歌詞を83曲分収録。限定2000冊で、ナンバーと直筆サインも入っている。ペイパーバック仕様の通常版も80年に発売された。さらにジョージの妻オリヴィアが序文を手掛けた再発版が2002年に、ジョージの手書きの歌詞59曲分が新たに加わった増補新装版が2017年に発売された。これを読んで「あんなに面倒をみてやったのにオレのことが書かれていない」と激怒したのはジョンである。

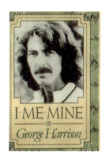

## アイム・ザ・グレーテスト
*I'm The Greatest* 曲

アルバム『リンゴ』で、ジョンがリンゴに贈った曲。しかもジョン、ジョージ、リンゴの共演曲である。「サージェント・ペパーズ・ロンリー・ハーツ・クラブ・バンド」(以下「サージェント・ペパーズ」)で使われたSE(効果音)やリンゴの別名「ビリー・シアーズ」も歌詞に登場する。70年12月28日にビートルズの最初の主演映画『ハード・デイズ・ナイト』のイギリスでの再放送を観たジョンが、モハメド・アリのキャッチ・フレーズを借用して書いたという。ジョンが自分で歌ったら冗談にならない。リンゴでちょうどいい。

## 青盤 (ザ・ビートルズ 1967年~1970年)
*The Beatles 1967-1970* アル

ビートルズ解散後の初のオリジナル・ベスト・アルバムの後期編集盤。『オールディーズ』に続くビートルズの2枚目のベスト盤となった(英2位・米1位を記録)。急遽、前期・後期の2枚が73年4月2日に同時発売された理由は、『Alpha Omega』という非合法(海賊盤)のベスト盤が裏ルートで登場し、好評を博したためである。

## 赤盤 (ザ・ビートルズ 1962年~1966年)
*The Beatles 1962-1966* アル

ビートルズ解散後、初のオリジナル・ベスト・アルバムの前期編集盤。こちらは英米ともに3位を記録。青盤と同じく、ジャケット写真にはデビュー・アルバム『プリーズ・プリーズ・ミー』の別フォトと、未発表に終わった『ゲット・バック』のジャケットが使用された。これでビートルズを知ってファンになった人は日本にもたくさんいる。

## 悪霊島
### あくりょうとう
（映）

『野生時代』79年1月号から80年5月号にかけて連載された、横溝正史の同名の推理小説の映画化。81年10月3日に公開された。挿入歌に「レット・イット・ビー」と「ゲット・バック」が使われ、その2曲を収録した日本独自のシングルも81年9月に発売。しかしDVD化に際し、オリジナル曲の使用許諾が下りず今では幻に。DVDでは2曲のセッションにも参加したビリー・プレストンによるカヴァー曲が使われた。

## アクロス・ザ・ユニバース
### Across The Universe（曲）

芭蕉に着想を得て書かれたとも言われるジョンの傑作だが、「傑作」になるまでの道のりは遠かった。17枚目のシングル候補曲として68年2月4日と2月8日に収録。しかし、シングルの選から漏れ、歌詞を引用（アレンジ）してタイトルに冠したチャリティ・アルバム『No One's Gonna Change Our World』（69年12月22日発売）のオープニング曲（通称バード・ヴァージョン）として陽の目を見た。70年4月1日、フィル・スペクターが追加レコーディングなどを行ない、『レット・イット・ビー』に再収録。これが「傑作」となった。2008年2月4日、NASAが設立50周年を記念し、北極星に向けてこの曲を"発信"した。

## 浅井愼平
### あさいしんぺい
（人）

1937年7月1日、愛知県生まれの写真家。日本公演の撮影を主催の中部日本放送から依頼され、宿泊先のヒルトン・ホテルの同じ階の部屋に泊まり込み、彼らの"素顔"の撮影に成功。それらは『ビートルズ東京』としてまとめられた。ビートルズのライヴ・ドキュメンタリー映画『ザ・ビートルズ 〜EIGHT DAYS A WEEK—The Touring Years』（以下『EIGHT DAYS A WEEK』/2016年）にも登場。2016年12月に、日本滞在時の貴重な写真をまとめた『Hello, Goodbye』が、ビートルズの豪華本を多数出版しているイギリスのジェネシス・パブリケーションズから発売された。

灰皿まで撮ったのさ

## 朝日美術
### あさひびじゅつ
（場）

港区麻布材木町（旧番地）にあった古美術店。ビートルズ来日中の66年7月1日、ジョンがホテルを抜け出して立ち寄った場所である。運良くジョンにサインをもらった女性もいた。

## アストリット・キルヒヘル
### Astrid Kirchherr（人）

1938年、ドイツ・ハンブルク生まれの写真家で、デビュー前のビートルズ・ストーリーに欠かせない重要人物の一人。髪型や襟なし服、"ハーフ・シャドウ"と言われる撮影など、ビートルズの洗練されたイメージの元となったアイディアを生み出した。幼い頃から黒い服へのこだわりが強かったという彼女のためにジョンとポールが書いたのが「ベイビーズ・イン・ブラック」だと言われている。

## 明日への願い
It Don't Come Easy ㊡

　リンゴの2枚目のソロ・シングル。70年2月8日、初のソロ・アルバム『センチメンタル・ジャーニー』のセッションの合間にジョージも参加し、ジョージ・マーティンのプロデュースで録音されたが未発表に終わり、ジョージの再プロデュースにより完成した。レコーディングは70年3月と10月に行われ、71年4月9日に発売（英米ともに4位を記録）。

## アップル
Apple Records

　ビートルズが68年に設立した会社。正式名称はアップル・コア（リンゴの芯の意）。ビートルズ・カンパニー、アップル・ミュージック・パブリシティ、アップル・リテイルを統合して68年1月に立ち上げられた。アップル・レコードの正式な発足は68年8月。社名はポール所有のルネ・マグリットの絵画より命名。

## アップル・ビル
Apple Corps Ltd. ㊡

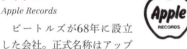

　ロンドン中心部のサヴィル・ロウ3番地にあった旧アップル・コア本社ビル。地下にはアップル・スタジオを併設。映画『レット・イット・ビー』の屋上の演奏シーンで有名である。72年にピカデリー南側のセント・ジェームズ・ストリートに移転し、アップル・スタジオも75年5月に閉鎖された。ファンの落書きで埋め尽くされた玄関のドアを、リンゴはアルバム『リンゴズ・ロートグラヴィア』の裏ジャケットに使用。その後このドアは、ジョンとヨーコの希望でニューヨークのダコタ・ハウスに保管されたらしい。

## アップル・ブティック
Apple Boutique ㊡

　ビートルズがロンドンのベイカー・ストリート94番地に開いたブティック。67年12月5日の開店パーティーにはメンバー全員が顔を揃えた（正式な開店は12月7日）。ザ・フールが手掛けたサイケデリックな壁面のデザインに苦情が殺到し、68年5月18日に白に塗り替えられた。68年7月31日に無料在庫処分を2日間行ない、わずか7ヵ月であえなく閉店となった。

## 後追いコーラス

　ビートルズ・サウンドの特徴のひとつ。たとえばジョンが歌うとポールとジョージがその後を受けてコーラスを付けるというような、ヴォーカルでの掛け合いのこと。ジョンが歌う「ヘルプ!」や「恋のアドバイス」をはじめ、コーラス・ワークの優れたビートルズならではの持ち味を、多くの曲で堪能できる。

## アナザー・ガール
Another Girl ㊡

　普通なら「見出し語」にはならない埋もれた曲だが、こうして選ばれたのは、ポールが2015年4月28日の日本武道館公演で"世界初公開"と言って演奏したからだ。アルバム『ヘルプ!』に収録されたポールの曲（65年2月15日・2月16日録音）で、初日に収録したジョージのリード・ギターを翌日にポールが差し替え、自分でリード・ギターも弾いた。

## アニメ・ビートルズ
The Beatles Cartoons 番

64年にアメリカのキング・フィーチャーズが製作したテレビ・アニメ（全39話）。65年9月25日から69年9月7日までアメリカのABCで放映された。秀作として知られるアニメ映画『イエロー・サブマリン』と同じスタッフが関わっているとは思えない、のんびりほんわかした仕上がりが最高だ。リンゴがかわいい。

## あの雲の向こうに
High In The Clouds 本

ポールが人気アニメーターのジェフ・ダンバーと、人気作家のフィリップ・アーダーと作った、リスやカエルなどの動物キャラクターが登場する地球環境保護の児童書。2005年10月に出版された。

## アビイ・ロード
Abbey Road アル

ビートルズのラスト・レコーディング・アルバム。69年9月26日に発売され、英20週連続1位・米通算11週1位を記録した。スタジオ前の横断歩道を並んで渡る4人をあしらったジャケットは、ビートルズを知らない人でも知っているほどである。83年5月21日に世界に先駆けて日本のみCD化されたが、EMIからクレームがつき、発売後に回収された。

## アビイ・ロード・スタジオ
Abbey Road Studio 場

1931年11月にレコード会社EMIがロンドンのセント・ジョンズ・ウッドのアビイ・ロード3番地に開設したレコーディング・スタジオ。ビートルズは、62年6月6日から70年4月1日にかけて、オフィシャル213曲中200曲以上のレコーディングをこの第2スタジオで行なった。ビートルズの『アビイ・ロード』（69年）発売後の70年に、「EMI Studios」から「Abbey Road Studio」に名称が変更された。

## アメリカ編集盤

87年のCD化に際し、イギリスで発売されたオリジナル・アルバムが現在の全13枚（＋編集盤2枚）に統一されるまで、特に幅を利かせていた編集盤。そのほとんどがキャピトルから発売されたアルバムで、イギリス盤が1枚に13〜14曲収録されていたのに対し、10曲程度しか収められていない──2枚のイギリス盤から3枚のアメリカ盤を作るという水増し商法を得意とした。イギリス盤に比べて、ジャケットの特にロゴ・デザインに目を見張るものが多いのと、エコー処理の深い曲があるのが特徴。発売禁止となった"ブッチャー・カヴァー"ほか"名盤"も多い。

## アラン・ウィリアムズ
Allan Williams 〔人〕

　1930年3月17日、ランカシャーのブートル生まれ。初代マネージャーとしてハンブルクにビートルズを送り込んだ、デビュー前の功労者。リヴァプールのレスター通りで「ジャカランダ」というコーヒー・バーも経営していた。73年8月15日にアランはアップルのオフィスでジョージとリンゴに会い、62年12月にビートルズがハンブルクのスター・クラブで行なったライヴ・テープを5000ポンドで購入しないかと持ちかけ、ジョージとリンゴはジョンとポールへのテープのコピーを依頼した、というエピソードがある。2016年12月30日死去。

## アラン・クライン
Allen Klein 〔人〕

　1931年12月18日、ニュージャージー州生まれ。"ビートルズ物語"に悪役として登場する機会の多い、解散間際のビジネス・マネージャー。69年2月3日にアップル・コアの会計監査役となる（就任は同年4月7日）。人を信じやすいジョンに気に入られたが、ポールと敵対し、アランの存在はグループ存続の大きな障壁となった。2009年7月4日死去。

悪くないってば

## アラン・パーソンズ
Alan Parsons 〔人〕

　1948年12月20日、ロンドン生まれのエンジニア、プロデューサー。67年にEMIスタジオで仕事を始め、ビートルズやウイングス、ピンク・フロイドなどに関わる。69年1月のアップル屋上コンサートの際、強風の音がマイクに入るのを防ぐために女性用ストッキングを買いに走った男。

## アル・キャップ
Al Capp 〔人〕

　1909年9月28日、コネチカット州生まれの漫画家。代表作『リル・アブナー』が人気を博し、43年間連載。ジョン・レノンの伝記映画『イマジン』(88年)で観られるように、69年のジョンとヨーコの「ベッド・イン」中にあれこれ"ちょっかい"を出して2人とやり合った保守派、である。ジョンは「ジョンとヨーコのバラード」の替え歌で応酬した。79年11月5日死去。

## アル中（ちゅう）

　「アルコール中毒」の略称。アルコール依存症と聞いてビートルズマニアがまず思い浮かべるのはリンゴだろう。リンゴは妻バーバラとともにアリゾナ州トゥーソンで88年10月11日から11月25日まで治療を受けたが、その後は世界各地をツアーで回るなど、"完全復活"を遂げた。

## アル・ブロダックス
Al Brodax 〔人〕

　1926年2月14日、ニューヨーク州ブルックリン生まれの映画/テレビ・プロデューサー兼脚本家。アニメ映画『イエロー・サブマリン』(69年)のプロデュースを手掛け、脚本も共同で担当した。2016年11月24日死去。

## アンガス・マクビーン
Angus McBean (人)

　1904年6月8日、イギリス・グエント州生まれの写真家。30年代から劇場写真家として活動し、個性的な人物写真で有名になる。ビートルズの2枚のアルバム（『プリーズ・プリーズ・ミー』と未発表の『ゲット・バック』）のジャケット写真を、EMIレコードの本社ビルで63年2月16日（または20日）と69年5月13日にそれぞれ撮影した。90年6月4日死去。

## アンディ・ホワイト
Andy White (人)

　1930年7月27日、グラスゴー生まれのドラマー。ヴィック・ルイス・オーケストラを経て、50年代以降、チャック・ベリー、プラターズなどのセッション・ドラマーを務める。62年9月11日に行なわれたビートルズのデビュー・シングルのレコーディング・セッションで3曲に参加し、「ラヴ・ミー・ドゥ」「プリーズ・プリーズ・ミー」の2曲ではリンゴの代役を務めた。2015年11月9日死去。

## イアン・マクミラン
Iain Macmillan (人)

　『アビイ・ロード』のジャケットを撮影したカメラマン。1938年10月20日、スコットランド生まれ。66年にロンドンの画廊でのヨーコの撮影などを機に69年にジョンに紹介され、『アビイ・ロード』のラフ・スケッチを描いていたポールへと撮影の話は繋がっていった。そして69年8月8日午前11時35分。アビイ・ロードの道路の真ん中に脚立を立て、合計6カット、ジャケット用の撮影を行なった。その後、ジョンとヨーコの『ライヴ・ピース・イン・トロント』や「ハッピー・クリスマス」などのジャケット写真も撮影。ポールが『アビイ・ロード』のパロディ・ジャケット仕立ての『ポール・イズ・ライヴ』を発表した際には、24年ぶりにアビイ・ロードの横断歩道の中央に脚立を立てた。2006年5月8日死去。

## E・H・エリック
Eric H. Eric (人)

　「皆様たいへん長らくお待たせいたしました。それでは日本で初めて迎えるビートルズでございます。どうぞ皆様の盛大な拍手をもって迎えたいと思います」。そう言ってビートルズを日本武道館のステージに招き入れた人物。66年6月30日から7月2日にかけて開催されたビートルズの日本公演の司会を務めた。1929年8月1日、日本人の父とデンマーク人の母の間に生まれ、フランス語や英語を交えた司会やCMなどで人気を博す。2000年8月18日死去。

## EMIハウス
EMI House (場)

　ロンドンのマンチェスター・スクエア20番地にあるEMIの本社ビル。60年に完成。ビートルズはデビュー直後の62年10月8日から63年3月11日までの4回、EMIがスポンサーを務めるラジオ・ルクセンブルクのラジオ番組『ザ・フライデイ・スペキュタクラー』用の収録を行なったほか、63年4月5日にはデビュー・アルバム『プリーズ・プリーズ・ミー』（ジャケット写真はEMIハウスの階段の吹き抜け）の宣伝を兼ねたライヴ・パフォーマンスなども行なっている。

## EMI

1931年にグラモフォンとコロンビアが合併し、設立したイギリスのレコード会社。"Electric & Musical Industry"の略称。ビートルズのデビュー当時、傘下のレーベルはコロンビア、HMV、リーガル、パーロフォンなど。パーロフォンのプロデューサーがジョージ・マーティンだった。

## EP

"Extended Playing"の略称。7インチ（17.5cm）の盤の片面に通常2曲（AB両面で通常4曲）を収録。ビートルズのEPは45回転仕様で、オリジナルEPは『ツイスト・アンド・シャウト』から『マジカル・ミステリー・ツアー』までの計13枚。

## YES

ジョンとヨーコの出会いを象徴した言葉。66年11月9日、ジョンはロンドンのインディカ・ギャラリーに足を運び、翌10日から18日にかけて開催されるヨーコの個展『未完成絵画とオブジェ』の内覧に訪れる。そこでジョンは、天井に飾ってある1枚の作品「釘を打つための絵（Painting To Hammer A Nail）」を、脚立を使って上り、天井からぶら下げられた虫眼鏡で見た。そこに書かれていた文字が、これである。

## イエスタデイ
*Yesterday*

ビートルズ初のソロ・レコーディング曲。ポールが「夢の中で書いた」というエピソードで知られるビートルズ（ポール）の代表曲だが、2000以上のアーティストに取り上げられ、「世界で最もカヴァーされた曲」としてギネス・ブックに認定されるような「有名曲」になった。作曲当時、ポール自身も「まさか」そんなふうになるとは思っていなかったかもしれない。アルバム『ヘルプ！』に収録され、イギリスではシングルにはならず、アメリカでも当初はリンゴのヴォーカル曲（しかもカヴァー曲）「アクト・ナチュラリー」のB面扱いだった。

## 家出少女

ビートルズマニアの間で「家出少女」と言えばただ一人、メラニー・コーのことである。イギリスの大衆紙「デイリー・ミラー」の67年2月27日付に出ていた家出少女の記事をヒントに、ポールが「シーズ・リーヴィング・ホーム」を書いた。ビートルズが63年10月4日にイギリスの音楽番組『レディ・ステディ・ゴー』に出演した時に、偶然にも彼女はそのリハーサルを見学していて、"事実は小説よりも奇なり"というおまけもあとで付いた。

## イエロー・サブマリン
*Yellow Submarine*

同名アニメ映画のサウンドトラック盤。10枚目のオリジナル・アルバム扱いながら、B面にはジョージ・マーティン・オーケストラによる曲が収録されているため、オリジナル・アルバムでの人気は最下位の12位である。69年1月17日発売（英3位・米2位を記録）。

# ビートルズゆかりの地　ロンドン

● アビイ・ロード・スタジオ

だれもが知る横断歩道！

リージェンツ・パーク

メリルボーン駅

● マダム・タッソー蠟人形館

この近くを撮影で走った！

● メリルボーン登記所

● アップル・ブティック

パディントン駅

● EMI ハウス

『プリーズ・プリーズ・ミー』のジャケット撮影はここ！

● ハイド・パーク

『ビートルズ・フォー・セール』のジャケットはここで撮影！

● ロイヤル・アルバート・ホール

「ア・デイ・イン・ザ・ライフ」の歌詞に登場

ユーストン駅

# THE BEATLES
## London Map
ロンドンにあるビートルズゆかりの地を
ピックアップして紹介します！

ジョンの
「宝石ジャラジャラ」
発言の場所

● プリンス・オブ・ウェールズ

● アップル・ビル

ロンドン・パヴィリオン

YES

● インディカ・
　ギャラリー

テムズ河

グリーン・
パーク

セント・ジェームズ・パーク

● バッキンガム宮殿

ここで
MBE勲章を
もらった！

ヴィクトリア駅

### イエロー・サブマリン
Yellow Submarine 曲

ビートルズ時代のリンゴの代表曲。ポールがリンゴのために書いた曲で、詩の一部をジョンとドノヴァンが手伝っている。『リボルバー』から13枚目のオリジナル・シングルとしても同時発売され、英1位・米2位を記録。曲中の"船長と船員とのやりとり"は、ジョンとポールの"変顔"ならぬ"変声"の第一歩。リンゴは89年からのコンサートでこの"自分のテーマ曲"を全公演で歌っている。

### イエロー・サブマリン
Yellow Submarine 映

ビートルズ主演のアニメ映画。68年7月17日にイギリスで公開された。「イエロー・サブマリン」「サージェント・ペパーズ」「愛こそはすべて」の3曲をモチーフにした、いわばアルバム『サージェント・ペパーズ』のアニメ版である。『アニメ・ビートルズ』の制作者も参加。

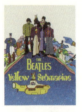

### イエロー・サブマリン ～ソングトラック～
Yellow Submarine Songtrack アル

オリジナル・アルバム『イエロー・サブマリン』にはジョージ・マーティン・オーケストラによる曲が半分収録されていたが、こちらは映画に使われた曲の中から「ア・デイ・イン・ザ・ライフ」を除く15曲で構成された新装リミックス盤。99年9月14日発売（英8位・米15位を記録）。

### イエロー・サブマリン音頭
曲

金沢明子による「イエロー・サブマリン」の日本語カヴァー曲（82年11月1日発売）。日本語訳詞を松本隆、プロデュースを大滝詠一、ディレクターを川原伸司が担当。当初はビートルズの曲をメドレーにする案もあり、歌い手として山田邦子が候補に挙がっていたという。

### 石坂敬一
人

1945年8月20日、埼玉県生まれ。66年にビートルズの日本公演を観て音楽業界で働くことを決意。68年に東芝音楽工業に入社し、まず『ザ・ビートルズ』のアシスタント・ディレクターを務めた。ジョンとヨーコの『サムタイム・イン・ニューヨーク・シティ』以後の70年代の4人のソロ・アルバムのほかに、『赤盤』『青盤』や国旗帯の発案など、日本の第2世代のビートルズ・ファンを生み出すことに力を尽くした。2016年12月31日死去。

### いきなりヴォーカル

曲が始まる時に、楽器演奏からではなく、いきなり歌い出す――正確に曲数を調べたことはないが、「後追いコーラス」以上にビートルズの大きな特徴のひとつ。ぱっと思い浮かべただけでも、「オール・マイ・ラヴィング」「キャント・バイ・ミー・ラヴ」「ヘルプ!」「ペイパーバック・ライター」「ヘイ・ジュード」など、有名どころが勢揃い、である。

### It's a drag
発

80年12月8日のジョンの訃報へのコメ

ントを求めた記者に対してポールが返した言葉。正確には「It's a drag, innit?」（うんざり）。この言葉がジョンに宛てたものと誤解され、ポールは非難を浴びた。天然ポールならではのエピソードではある。

## 愛しのフリーダ
Good Ol' Freda 映

ブライアン・エプスタインの秘書を経て、ビートルズ・オフィシャル・ファン・クラブを取り仕切ったフリーダ・ケリーによる回想ドキュメンタリー映画（2013年公開）。原題は、ビートルズの63年のクリスマス・レコードで4人がフリーダへ呼びかけた言葉から取られた。

## 犬にしか聞こえない

アルバム『サージェント・ペパーズ』のLPの最後の回転溝に収録された、15キロサイクルの高周波音による犬笛の音のこと。実際、犬を飼っている知り合いが試してみたところ、たしかに何やら反応したそうだ。

## イマジン
Imagine アル

ジョンの2枚目のソロ・アルバム。ティッテンハーストと呼ばれるジョンとヨーコのアスコットの自宅に2人が作ったスタジオ、アスコット・サウンド・スタジオでレコーディングが行なわれた。ポールを揶揄した「ハウ・ドゥ・ユー・スリープ（眠れるかい?)」など、ジョージが4曲に参加している。71年10月8日（アメリカは9月9日）に発売され、英米1位を記録。

## イマジン
Imagine 曲

ジョンがヨーコの詩集『グレープフルーツ』の一節にインスパイアされて書き上げた作品。ジョンのソロをある程度聴くと、ビートルズが「イエスタデイ」だけではないのと同じように、「ジョンと言えばこれ」、ではないということもわかる。アメリカでは同名アルバムから、イギリスではベスト盤『シェイヴド・フィッシュ～ジョン・レノンの軌跡』からシングル・カットされ、米3位・英6位を記録。

## イメルダ・マルコス
Imelda Marcos 人

ビートルズ・ファンには悪名高い、元フィリピン大統領夫人。66年7月2日に日本公演を終えてフィリピンに向かった4人は、4日のフィリピン公演当日、マルコス大統領夫人からの昼食の招待をすっぽかしたとして、国内で大問題となった。帰国時、空港で4人はファン以外の（?）フィリピン人に暴行を受け、リンゴは「動物なみの待遇を受けた」とコメントした。

## インスタント・カーマ
Instant Karma! (We All Shine On) 曲

ジョンが1日ですべてを完成させたシングル曲。70年1月27日に録音され、10日後の2月6日に発売、とすべて「インスタント」だった。ジョージも加わったこの曲がきっかけとなり、共同プロデュースを手掛けたフィル・スペクターがこのあと『レット・イット・ビー』に関わることになる。

## インストゥルメンタル
*Instrumental*

歌のない、楽器などの演奏だけの曲を指す。略してインスト。ビートルズの全213曲にも1曲だけある。テレビ映画『マジカル・ミステリー・ツアー』の挿入歌「フライング」である。実質的にはポールが中心となって書いた曲だが、便宜的に4人の共作扱いとなった。オリジナル盤のクレジットは"Harrison/Lennon/McCartney/Starkey"とアルファベット順だが、アメリカ編集盤は"Lennon/McCartney/Harrison/Starr"と、順番だけでなくリンゴは"芸名"表記。"213曲"以外では、『ラバー・ソウル』のセッションでレコーディングされた「12・バー・オリジナル」がある。

## イン・スパイト・オブ・オール・ザ・デインジャー
*In Spite Of All The Danger* 曲

クォリーメンが58年7月にバディ・ホリーの「ザットル・ビー・ザ・デイ」とともに自主制作盤としてレコーディングしたポールの曲。ギター・ソロを"作曲"したとしてクレジットはポールとジョージの共作となった。ポールは2004年のヨーロッパ・ツアーなどで取り上げた。2017年の日本公演でも初めて演奏されたが、"ウォー、ウォーウォ、ウォー"のコーラスを合わせて歌う日本のファンに驚きを隠せない様子だった。

## インディカ・ギャラリー
*Indica Gallery* 場

ロンドンのメイソンズ・ヤード6番地にあったギャラリー。正式名称は「インディカ・ブックス&ギャラリー」。バリー・マイルズ、ピーター・アッシャー、ジョン・ダンバーが共同出資し、66年3月31日に開店(「インディカ・ブックス」を1階、「インディカ・ギャラリー」を2階に設置)。開店にあたり、ポールは準備を手伝い、5000ポンドの資金援助を行なった。開店翌日にジョンとポールは店を訪れ、そこでジョンが手にしたティモシー・リアリーの著書『チベットの死者の書』の一節を「トゥモロー・ネバー・ノウズ」に引用。さらに同年11月9日にオノ・ヨーコと出会うという、縁の深い重要な場所である。

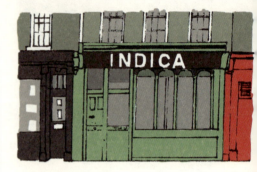

## インド音楽

映画『ヘルプ!』でジョージがシタールに出会って目覚めたインドの古典的な伝統音楽。シタール奏者ラヴィ・シャンカールに師事したジョージは、ビートルズの曲にインド音楽を取り入れ、まず「ノルウェーの森」でシタールを弾いた。その後、「ラヴ・ユー・トゥ」「ウィズイン・ユー・ウィズアウト・ユー」「ジ・インナー・ライト」と、インド音楽を本格的に追究していき、ビートルズの曲調の幅を広げることに貢献した。

## インドラ
*Indra Club* 場

ドイツのハンブルクにあったクラブ。60年8月17日から10月3日までの48日間、デビュー前のビートルズ(バンド名はシルヴァー・ビートルズ)は、初めて訪れたハンブルクで計200時間以上のライヴを休みな

しで連日行なった。メンバーは、ジョン、ポール、ジョージに、同年5月加入のスチュアート・サトクリフ、新加入のピート・ベストの5人だった。

## イントロデューシング・ザ・ビートルズ
Introducing The Beatles ㋐

　アメリカでのデビュー・アルバム。マイナー・レーベル、ヴィージェイが、キャピトルからの『ミート・ザ・ビートルズ』の10日前（64年1月20日）に発売した。『ミート・ザ・ビートルズ』の11週連続1位に阻まれ、9週連続2位を記録。イギリスのデビュー・アルバム『プリーズ・プリーズ・ミー』から「プリーズ・プリーズ・ミー」「アスク・ミー・ホワイ」を除く12曲を収録。再発盤（2月発売）にはその2曲が収録され、代わりに「ラヴ・ミー・ドゥ」と「P.S.アイ・ラヴ・ユー」が外された。

## インプロヴィゼイション
Improvisation

　演奏者がその場の流れで自由に曲の流れを作り出していく即興演奏のこと。ビートルズの213曲には、該当するような曲は厳密にはないが、強いて言うと「イッツ・オール・トゥ・マッチ」のエンディングあたりか。映画『ロックン・ロール・サーカス』でジョンが「ヤー・ブルース」を演奏したあとにヨーコが"演奏"した「ホール・ロッタ・ヨーコ」（別名「ハー・ブルース」）は、そのものずばり。「ゲット・バック・セッション」では、その場のノリでいきなり始まる即興演奏が数限りなくある。

## イン・マイ・ライフ
In My Life ㋕

　メロディを書いたのはジョンかポールか？　とマニアの間で物議を醸した名曲。歌詞はジョンが故郷リヴァプールに想いを馳せて書いたものだが、曲は2人とも自分が（中心となって）書いたと言っている。ポールの記憶力の良さを信じ、「作詞=ジョン/作曲=ポール」というビートルズでは他にない曲、というのが個人的見解である。間奏のジョージ・マーティンのピアノだけでなく、イントロのジョージのギターやリンゴのドラムも素晴らしい。

## ヴィクター・スピネッティ
Victor Spinetti ㋺

　ビートルズの主演映画には欠かせない俳優。1929年9月2日、イギリス生まれ。特にジョンとウマが合い、『ジョン・レノンの僕の戦争』に出演したほか、68年6月6日のジョンの「世の中は狂人たちに支配されている」という鋭い発言時にも、ジョンとともにテレビで共演していた。『ハード・デイズ・ナイト』のテレビ・プロデューサーや『ヘルプ!』のイカレた科学者、『マジカル・ミステリー・ツアー』のぶっとんだ陸軍軍曹など、エキセントリックな役でビートルズ・ファンにも人気があった。ファン・クラブ向けの「クリスマス・レコード」にも参加し、「クリスマス・タイム」でタップ・ダンスを披露したが、もちろん音だけしか聞こえない。2012年6月18日（ポールの誕生日）死去。

## ヴィージェイ
Vee-Jay Records

　アメリカのブルースやR&Bの専門レーベル。63年、まだアメリカで人気が出る前にビートルズと契約し、フォー・シーズンズとの抱き合わせのレコードも出したほどである。ビートルズを売りそこなった不運なレーベルと言えなくもないが、ビートルズの人気が爆発した時に、これはチャンスとばかりに再リリースをして儲けようとしたら、大手キャピトルに訴えられた。

## ウィズ・ザ・ビートルズ
With The Beatles 🅰

　「フロム・ミー・トゥ・ユー」「シー・ラヴズ・ユー」の大ヒットを経て63年11月22日に発売された2枚目のオリジナル・アルバム。"ハーフ・シャドウ"のジャケット写真が印象的な、R&B色の濃い作品である。『プリーズ・プリーズ・ミー』に代わり21週連続1位を記録。2枚のアルバムでほぼ1年間イギリスのアルバム・チャートの1位を独占するという偉業を成し遂げた。

## ヴィニ・ポンシア
Vini Poncia 🧑

　1942年4月29日生まれの音楽プロデューサー、作曲家、ミュージシャン。69年に発表したアルバム『アンダース&ポンシア・アルバム』のプロデュースを手掛けたリチャード・ペリーを介し、リンゴのアルバム『リンゴ』『グッドナイト・ウィーン』『リンゴズ・ロートグラヴィア』『ウイングズ』『バッド・ボーイ』の5枚のアルバムに参加し、共作、ギター、ヴォーカルなどでリンゴを援助した。『バッド・ボーイ』では単独プロデュースも手掛けた。

## 初孫 (ういまご)

　85年9月6日にリンゴとモーリンの初孫（長男ザックと妻サラ・メニキデスの長女ターシャ）が誕生。リンゴはビートルズ初のおじいさんとなる。2016年8月14日にはターシャが娘を出産し、リンゴはひいおじいさんにもなった。

## ウイングス
Wings 🧑

　ビートルズ超えを目指してポールが71年に結成したロック・バンド。ポール、妻リンダ、元ムーディー・ブルースのデニー・レインの3人を中心にメンバーの入れ替えも多く、81年の解散までに『ウイングス・ワイルド・ライフ』から『バック・トゥ・ジ・エッグ』までの7枚のオリジナル・アルバムと1枚のライヴ・アルバム、25枚のシングル（英米あわせて18曲がトップ10入り）を残した。

## WAR IS OVER!
（ウォー　イズ　オーヴァー）

　ジョンとヨーコが平和運動の一環として行なったキャンペーン。69年12月16日、ロンドン、ニューヨーク、ロサンジェルス、トロント、モントリオール、パリ、ローマ、ベルリン、東京などの主要都市の街角に"WAR IS OVER!（If You Want It）Happy Christmas from John & Yoko"の掲示板を掲げ、平和を呼びかけた。

## ウォーキング・オン・シン・アイス
Walking On Thin Ice 曲

　ジョンの最後のレコーディング参加曲。日本のみで発売された「夢をもとう」以来7年ぶりのヨーコのシングルとなった。81年1月6日に発売され、米58位・英35位を記録。80年12月4日から8日にかけてレコーディングされ、完成したテープを持参して帰路に着くジョンは、自宅のダコタ・ハウス前でマーク・チャップマンに撃たれた。

## ウォール・オブ・サウンド

　伝説のプロデューサー、フィル・スペクターが生み出した"音の壁"。その名のとおり、楽器を重ねに重ね、深いエコー処理を施した音像を特徴とし、ロネッツの「ビー・マイ・ベイビー」ほか数多くのヒットを飛ばした。フィル・スペクターが『レット・イット・ビー』を仕上げた際、「ザ・ロング・アンド・ワインディング・ロード」に女性コーラスと大仰なストリングスを加えたアレンジに対しポールは激怒し、"ビートルズ訴訟"のひとつの理由に挙げた。

## VOXアンプ
（ヴォックス）

　イギリス製のギター・アンプ。もともとはVOXの広告出演との"バーター"で63年に無料で提供されたもので、当初の黄褐色からお馴染みの黒へと色を変え、ビートルズのアンプはVOXというイメージが定着した。

## ウクレレ
Ukulele 楽

　日本では牧伸二が有名だが、ビートルズマニアの間では、ウクレレと言えば圧倒的にジョージ、である。90年代以降の話だと思うが、ジョージの家に遊びに行ったポールはその場でウクレレを譲り受け、目の前で「サムシング」を弾いてみせたという。ポールは2001年のジョージ追悼コンサートで、ジョージにもらったウクレレを曲の冒頭で弾きながら「サムシング」を披露。以後、2017年の日本公演も含めて同じく冒頭ではウクレレを弾きながら歌い続けている。

## 失われた週末
The Lost Weekend

　73年9月中旬から75年1月末日までのジョンとヨーコの別居期間。映画のタイトルになぞらえて、ジョンがのちに命名。その間、ヨーコの申し出に従ったジョンは、秘書のメイ・パンとともに過ごした。この期間にジョンとポールの奇跡のツー・ショットが撮られるなど、ビートルズマニアを喜ばせる出来事も数多い。

## 宇宙中継
うちゅうちゅうけい

67年6月25日にイギリスBBCテレビから世界24ヵ国に向けて同時放映された生中継番組『アワ・ワールド』のこと。イギリス代表として出演したビートルズは、新曲「愛こそはすべて」を演奏。世界中のビートルズ・ファン4億人が観たという。日本でも翌26日の早朝と夜の2回、NHKで『われらの世界』というタイトルで放送。

## ウブジュブ
Oobu Joobu 番

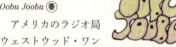

アメリカのラジオ局ウェストウッド・ワンで95年5月27日から9月4日まで全15回放送されたラジオ番組。ポールがDJを務め、未発表音源、コンサートのリハーサル音源、ライヴ音源やゲストとの会話などで構成された。アルバム『フレイミング・パイ』からのCDシングル「ヤング・ボーイ」「ザ・ワールド・トゥナイト」「ビューティフル・ナイト」などに、ラジオで放送されたオリジナル音源が収録されている。

## AIRスタジオ
エア
AIR Studios 場

65年にジョージ・マーティンらがロンドンに設立したAIR(アソシエイテッド・インディペンデント・レコーディング)が69年から運営しているレコーディング・スタジオ。70年代半ばにはカリブのモントセラト島にも新たなスタジオが作られ、ポールの『タッグ・オブ・ウォー』ほか名盤が多数制作されたが、89年にモントセラト島がハリケーンによる被害を受け、スタジオは閉鎖。

## ADT
エイディーティ
Artificial Double Tracking

「アーティフィシャル・ダブル・トラッキング」の略称。音声を自動的にダブルトラック化する技術で、「フランジング」の元となった。アビイ・ロード・スタジオのケン・タウンゼントが66年に考案し、バランス・エンジニアのスチュアート・エルサムが名付けた。『リボルバー』のレコーディングから導入。開発されたきっかけは、同じ曲を何回も歌うのをジョンが面倒くさがったからである。

## EIGHT DAYS A WEEK
エイト デイズ ア ウィーク
- The Touring Years
映

『レット・イット・ビー』以来45年ぶりとなるビートルズ"主演"映画(2016年9月15日公開)。コンサート活動の歴史を具体的な映像や証言などを元にひもといたドキュメンタリー映画で、ロン・ハワードが監督を務めた。日本では「声出し可能上映」も行なわれるなど、この映画をきっかけにビートルズの人気が若いファンにもさらに浸透した。

## 8トラック録音
ろくおん

「トラック」は、単純化して言うと、楽器や声を録音できる箱(入れ物)のこと。すなわち8トラック・テープには8箱入れる場所がある。「ラヴ・ミー・ドゥ」から『ウィズ・ザ・ビートルズ』までが"2箱"で、『ウィズ・ザ・ビートルズ』のセッションの最後に収録されたシングル「抱きしめたい」から『ザ・ビートルズ』の制作途中(7月)までが"4箱"、そして『ザ・ビートルズ』のセッション半ばの68年7月31日にレコーディングされたシングル「ヘイ・ジュード」以降が"8箱"である。

## エヴァリー・ブラザーズ
The Everly Brothers 人

　50年代後半から60年代前半に活躍した、ドン・エヴァリー（1937年12月2日-）とフィル・エヴァリー（1939年1月19日-2014年1月3日）の兄弟によるデュオ。ハーモニーを含め、ビートルズが多大な影響を受けた先達である。84年にポールは自作の「ナイチンゲールの翼」を贈った。

"夢を見るだけ"にシビれたって？ポール！

## エヴリボディーズ・ゴット・サムシング・トゥ・ハイド・エクセプト・ミー・アンド・マイ・モンキー
Everybody's Got Something To Hide Except Me And My Monkey 曲

　オリジナル213曲の中でタイトルが最も長い曲。

## SP
エスピー

　シングル盤のこと。"Short Playing"または"Standard Playing"の略称。EMIでは10インチ（25㎝）・78回転のレコード盤が58年から7インチ（17.5㎝）・45回転のレコード盤の製造に変わり、片面に通常1曲（AB両面で通常2曲）を収録。ビートルズのSPは45回転仕様。「ラヴ・ミー・ドゥ」（62年10月5日発売）から「レット・イット・ビー」（70年3月6日発売）まで、オリジナル・シングルは全22枚。

## エディ・クレイトン・スキッフル・グループ
The Eddie Clayton Skiffle Group 人

　57年にリンゴが結成した最初のバンド。義父ハリー・グレイヴスから斡旋された会社に16歳の時に就職したリンゴが、当時イギリス全土でブームを巻き起こしていたスキッフルにあやかって同僚と結成したバンドである。ドラマーとしての音楽活動はこれが最初。その2ヵ月前にリンゴに中古のフル・ドラム・セットを買い与えるなど、リンゴの音楽活動を後押しした義父（Stepfather）のことを、リンゴは脚立（Stepladder）と呼んでいたそうだ。

## エド・サリヴァン
Ed Sullivan 人

　1901年9月28日、ニューヨーク生まれ。本名はエドワード・ヴィンセント・サリヴァン。ビートルズのアメリカ初上陸に欠かせない人物である。自身の名を冠したバラエティ番組『エド・サリヴァン・ショウ』の司会者。この著名な番組にビートルズがいきなり出られたのは、エプスタインとの"ユダヤ人脈"が功を奏したからだという。74年10月13日死去。

## エド・サリヴァン・ショウ
The Ed Sullivan Show 番

　アメリカのテレビ史上最も有名な番組。48年6月20日から71年6月6日までの23年間、日曜の夜に全米で放映されたバラエティ番組（放送開始時の番組名は『トースト・オブ・ザ・タウン』）。ビートルズは64年2月9日に初出演。スタジオの観客数728人に対してチケットの申し込みが6万枚を超え、7300万人が番組を視聴、全米史上最高視聴率72％を記録した。ニューヨークの犯罪発生件数が過去50年間で最低だったというエピソードまで生まれた。

ビートルズゆかりの地　リヴァプール　055

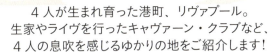

**Liverpool Map**

4人が生まれ育った港町、リヴァプール。
生家やライヴを行ったキャヴァーン・クラブなど、
4人の息吹を感じるゆかりの地をご紹介します！

マジカル・ミステリー・ツアーで、
ゆかりの場所を
巡ることもできます

名前は変わっても
床屋さんは
いまだに健在

ジョンの生家に近く
多くのファンが
訪れる

● ペニー・レイン

カルダー
ストーンズ・
パーク

● ストロベリー・フィールド

● ジョンの生家

● セント・ピーターズ教会

ジョンとポールが
運命的に出会った
場所

● ポールの生家

### エピフォン・カジノ
*Epiphone Casino* 楽

　ビートルズ中期の代表的なエレキ・ギターのひとつ。57年にギブソン社に買収され、ギブソン社がエピフォン・ブランドとして発売した名器である。まずポールが64年12月のクリスマス・ショーの日にエピフォン・テキサンとともに購入し、「ペイパーバック・ライター」などで使用した。翌65年にはジョンとジョージも購入し、66年の日本公演でも使用した。

### エピフォン・テキサン
*Epiphone Texan* 楽

＼Yesterday♪／

　「イエスタデイ」と言えば、このアコースティック・ギターであり、65年の『ヘルプ！』のセッションで多用した。2017年の日本公演も含め、「イエスタデイ」を演奏する時には、ポールは必ずこのギターを持ちながらステージに上る。

### F1
*Formula 1*

　モータースポーツの最高峰「フォーミュラ1」の略称。車好きのジョージは、ジャッキー・スチュアートをはじめF1レーサーとの交流が深く、好きが高じて実際のレースの音も取り込んだ「ファースター」を作っている。この曲のプロモーション・ヴィデオ（以下PV）でもジャッキー・スチュアートが運転手役で出演。

### エベレスト
*Everest*

　『アビイ・ロード』の当初のタイトル候補。エンジニアのジェフ・エメリックが持っていたタバコの銘柄を見てポールが思いついたそうだ。実際にエベレストまで行って撮影しようという案まで出たそうだが、最も手軽なスタジオ前での撮影となった。結果的に名ジャケットの誕生、である。

### エボニー・アンド・アイボリー
*Ebony and Ivory* 曲

　ポールのアルバム『タッグ・オブ・ウォー』から先行発売されたスティーヴィー・ワンダーとの共演シングル。82年3月29日に発売され、英米1位を記録する大ヒットとなった。ピアノの黒鍵と白鍵を黒人と白人になぞらえて平和を訴えるというポールならではのわかりやすい曲である。共演ヴィデオが別撮りの合成になったのは、スティーヴィーがレコーディングで忙しすぎたためだったという。

### 絵本ジョン・レノンセンス
*In His Own Write* 本

　64年に出版されたジョンの初の著作集。邦題のとおり、ジョン・レノンならではの"ナンセンス"な文章やイラストを詰め込んだもので、ジェイムズ・ジョイスやルイス・キャロルなどを小さい頃から愛読していたジョンのユニークな言葉感覚が文学界からも称賛された。序文はポールが書いた。

## MBE勲章

大英帝国勲章。「MBE」は"Members of the Order of British Empire"の略称。65年10月26日、ビートルズのメンバーは、国家への外貨獲得の功績によりバッキンガム宮殿でエリザベス女王よりMBEを授与され、勲章を有り難がって受け取った元軍人などから抗議の声が上がった。対してジョンは一言──「戦争で人を殺してもらうのと、音楽で人を喜ばせてもらうのはどっちがいい?」。ジョンは69年11月25日、MBE勲章をエリザベス女王に返還した。

## MPL

ポールが71年2月12日に「マッカートニー・プロダクションズ」の社名を変更し、ロンドンのソーホーに設立した音楽出版社。「ラヴ・ミー・ドゥ」と「P.S.アイ・ラヴ・ユー」の権利を持っているため、2曲を強引にメドレーにした「P.S.ラヴ・ミー・ドゥ」という珍曲も生まれた。

## エリック

2016年に公開された映画『EIGHT DAYS A WEEK』に出てくる一場面──64年に初めてアメリカに上陸した際、名前を訊かれたジョンが返した一言である。そして"Eric"とジョンに呼びかけて話を続けようとした記者に対し、ジョンはすかさずこう返した。"I'm John, it's a joke"と。肝っ玉の太さはメンバー随一である。

## エリック・アイドル
*Eric Idle*

1943年3月29日、イングランド・サウスシールズ生まれのコメディアン兼ミュージシャン。グレアム・チャップマン、テリー・ギリアム、マイケル・ペイリンなどと69年にコメディ・グループ、モンティ・パイソンを結成。ジョージとの交流が深く、「マイ・スウィート・ロード」のパロディ曲「パイレート・ソング」を共作したほか、ジョージのアルバム『33 1/3』からの3曲のシングル「ディス・ソング」「人生の夜明け」「トゥルー・ラヴ」のPVの監督も務めた。

## エリック・クラプトン
*Eric Clapton*

1945年3月30日、イギリス・サリー州生まれのギタリスト。69年9月にジョンとヨーコのプラスティック・オノ・バンドに参加。70年に結成したデレク・アンド・ザ・ドミノスは、ジョージのアルバム『オール・シングス・マスト・パス』のセッションが初の顔合わせとなった。ジョージの妻パティ(のちに再婚)への想いを綴った「いとしのレイラ」ほか、ビートルズがらみの話題は数多い。

だって、パティがかわいいんだから仕方ないよ!

## エリック・スチュワート
Eric Stewart 〔人〕

　1945年1月20日、イギリス・ドロイルスデン生まれのミュージシャン。60年代にマインド・ベンダーズのメンバーとして活躍後、グレアム・グールドマン、ケヴィン・ゴドレー、ロル・クレームと10CCを結成。80年代はデニー・レインに代わるポールのパートナーとして『タッグ・オブ・ウォー』『パイプス・オブ・ピース』『ヤア！ブロード・ストリート』『プレス・トゥ・プレイ』に参加。『プレス・トゥ・プレイ』ではほぼ全曲をポールと共作した。

## エリナー・リグビー
Eleanor Rigby 〔曲〕

　ビートルズが楽器をいっさい弾いていない初めての曲。弦楽奏を「イエスタデイ」の倍の八重奏にしたのはジョージ・マーティンのアイディアで、ポールがヴァイオリンを取り入れることにしたのは、ヴィヴァルディをジェーン・アッシャーから教わったのがきっかけだったという。

## 襟なし服

　63年のビートルズを象徴するステージ衣装。デビュー前の61年にハンブルク巡業を続けていた際、アストリット・キルヒヘルが仕立ててスチュアート・サトクリフに着させたのが最初だったそうだ。革ジャンからの転身で「4人はアイドル」になった。

## エルヴィス・コステロ
Elvis Costello 〔人〕

　1954年8月25日、ロンドン・パディントン生まれ。77年にシングル『レス・ザン・ゼロ』でデビュー。ポールのシングル「ワンス・アポン・ア・ロング・アゴー」のB面収録曲「バック・オン・マイ・フィート」の仕上げの歌詞を手伝ったのをきっかけに、ポールとの曲作りを開始。ポールにビートルズ時代のヘフナー・ベースを使うようにと提案したほか、ジョンのような立場でポールに接した。

## エルヴィス・プレスリー
Elvis Presley 〔人〕

　1935年1月8日、ミシシッピ州生まれ。"キング・オブ・ロックンロール"と呼ばれたビートルズのヒーロー。65年8月27日にエルヴィスの自宅で念願の対面が実現。ギターを手にしたエルヴィスとのジャム・セッションに興じたが、憧れのヒーローを前にメンバーは緊張していたという。77年8月16日に42歳で死去。ジョンは「彼は軍隊に行った時に死んだのさ。その時に去勢され、あとは生ける屍だった」という辛辣なコメントを残した。

## LSD

　幻覚剤。メンバーではジョンとジョージが65年の春に最初に体験。ポールは25歳の誕生日（67年6月18日）に「これからもLSDを服用するかもしれない」と発言し、物議を醸した。「ルーシー・イン・ザ・ス

カイ・ウィズ・ダイアモンズ（Lucy In The Sky With Diamonds）」は、頭文字からLSDを連想させるという理由でBBCでは放送禁止となった。

## エルトン・ジョン
Elton John 㐧

　1947年3月25日、イングランド・ミドルセックス州生まれのミュージシャン。70年の「僕の歌は君の歌」のヒット以降、現在までに全世界で3億枚以上のレコード・セールスを記録。ジョンのシングル「真夜中を突っ走れ」にピアノとハーモニー・ヴォーカルで参加し、74年11月28日にマディソン・スクエア・ガーデンで開催されたエルトンのコンサートにはジョンが飛び入り出演した。ショーンの名付け親でもある。

## LP
エルピー

　"Long Playing"の略称。12インチ（30cm）・33回転仕様。アルバム、アナログ、レコードとも言う。イギリスのオリジナルLPは、『プリーズ・プリーズ・ミー』（63年3月22日発売）から『レット・イット・ビー』（70年5月8日発売）までの計12枚である。

## エレファンツ・メモリー
Elephant's Memory 㐧

　72年に、ジョンとヨーコのバックを務めたニューヨークのバンド。ジョンとヨーコとの共演は、『マイク・ダグラス・ショー』『ディック・キャヴェット・ショー』などのテレビ番組や、マディソン・スクエア・ガーデンで開催された「ワン・トゥ・ワン・コンサート」、アルバム『サムタイム・イン・ニューヨーク・シティ』『無限の大宇宙』など。ジョンとヨーコがプロデュースしたアルバム『エレファンツ・メモリー』も72年に発売された。

## エンパイアステートビルより<br>ハイな気分だ
　　　　　　　　　　き　ぶん
㐧

　75年10月9日、35歳の誕生日のジョンの発言。奇しくもこの日にヨーコとの第1子ショーンが誕生。2度の流産の末に生まれた待望の子供の誕生に、ジョンは喜びを露わにした。

## エンプレス・パブ
The Empress Pub 㐧

　リンゴの最初のソロ・アルバム『センチメンタル・ジャーニー』の表ジャケットに使われたリヴァプールのパブ。リンゴが生まれ育った自宅のすぐ近くにあり、母エルシーがしばらく勤めていた店でもあった。

## エンボス加工(かこう)

68年に発売された初の2枚組LP『ザ・ビートルズ』の真っ白なジャケットに浮かび上がる"The BEATLES"の文字の印刷加工のこと。

## 王将(おうしょう)
（曲）

演歌歌手・村田英雄の代表曲。ポールが語ったところによると、80年1月に大麻不法所持の容疑で捕まった時に、東京・新橋の警視庁内の留置場で、英語のできるやくざから教わった曲だという。しかもポールはお返しに「イエスタデイ」を披露したそうだ。これらのいきさつや顚末は、瀧島祐介著『獄中で聴いたイエスタデイ』に詳しい。

## オーディションに受かるといいけど
（発）

69年1月30日、アップル・ビルの屋上で行なわれた"ラスト・ライヴ"のラストのジョンの一言。ギャグとして受け取られたものの、ジョンは本当に演奏に自信がなかったのかもしれない。もしかしたら、62年1月1日のデッカ・オーディション不合格の時の想いが頭をよぎったのかも。

## オール・シングス・マスト・パス
All Things Must Pass （アル）

フィル・スペクターを共同プロデューサーに迎えて制作された、ビートルズ解散後のジョージの初のソロ・アルバム。ジャム・セッションも含む3枚組の大作にもかかわらず大ヒットとなり、ロックの名盤として高い評価を得た。70年11月30日（アメリカは27日）に発売され、英8週連続・米7週連続1位を記録した。

## オールディーズ
A Collection Of Beatles Oldies （アル）

ビートルズ初のオリジナル・ベスト・アルバム。「1年に2枚のアルバムを発表する」というブライアン・エプスタインとEMIとの契約があり、66年は『リボルバー』しか発表していなかったため、「穴埋め」のために発売された。イギリスで発売された3枚目（「フロム・ミー・トゥ・ユー」）から13枚目（「イエロー・サブマリン/エリナー・リグビー」）までのシングル曲に、イギリス未発表の「バッド・ボーイ」を加えた全16曲を収録。66年12月10日に発売され、英7位。ビートルズが初めてイギリスで1位を逃したアルバムとなった。

### オール・マイ・ラヴィング
*All My Loving* 曲

　ポールが歌詞から書き始めた数少ない曲のひとつ。「アイ・ソー・ハー・スタンディング・ゼア」と並ぶポールの初期の代表曲である。ジョンのリズム・ギターの3連符弾きが印象的で、ライヴではジョージが下のパートを歌った。『ウィズ・ザ・ビートルズ』に収録されただけでシングル・カットはされず。アメリカではシングルになったが、意外にも最高位は45位。

### おがくず

　ポールが2013年以降のツアー・レパートリーにしている「ビーイング・フォー・ザ・ベネフィット・オブ・ミスター・カイト」をレコーディングする際に、作者のジョンがジョージ・マーティンに伝えた抽象的な言葉のひとつ。ジョン曰く「おがくずの匂いが床に充満するようなサウンドにしたい」。果たしてジョンのイメージどおりの仕上がりになったのだろうか。

### おかしなおかしな石器人
*Caveman* 映

　リンゴの主演映画で、原題は『CAVEMAN』(81年4月17日公開)。石器人なので意味不明の言葉しか話さないという、ちょっと風変わりな内容が話題となった。リンゴは共演したバーバラ・バックと、公開10日後の4月27日に、ポール夫妻・ジョージ夫妻などの出席のもと、ロンドンのメリルボーン登記所で結婚式を挙げた。

### オス(押忍)

　空手などでの挨拶。「おはようございます」の略ではない。80年1月に大麻不法所持で逮捕されたポールが、獄中で知り合った殺人犯から教わったようだ。2017年4月25日の日本公演でも、しきりに"オス"と、手を合わせるポーズをしながら披露した。

### オデオン
*Odeon Records*

　東芝音楽工業のビートルズのディレクターだった高嶋弘之氏が、ビートルズを売り出す際に使用したレーベル。日本での60年代のビートルズのレコードはオデオンが"目印"である。

### おばあちゃんメガネ

　66年後半以降のジョンの出で立ち。きっかけは映画出演だった。66年8月29日、アメリカのキャンドルスティック・パークでの最終公演後、ジョンは髪を切り、この丸メガネをかけて映画『ジョン・レノンの僕の戦争』に単独出演した。以後、ジョンのトレードマークのひとつになったが、初期のメガネは縁が黒い。

そのあともいろんなメガネをかけてるよ！

### オブ・ラ・ディ、オブ・ラ・ダ
Ob-La-Di, Ob-La-Da 曲

ナイジェリアのコンガ奏者ジミー・スコット（レコーディングにも参加）の口癖をタイトルにポールが書いたポップな曲。日本でも小学校のフォーク・ダンスなどでいまだに使われるほど浸透しているのは、メロディが覚えやすく、踊りやすく、曲名が面白いからだろう。

### お前はアホだ
発

解散間際の69年9月20日にジョンがポールに対して言い放った一言。ジョンに言わせるとこうなる。「ビートルズの今後についてポールが話すことすべてに"ノー、ノー、ノー"と言った。ポールが"どういう意味だい?"と聞くので、こう告げたんだ。"お前はアホだ。もうグループは終わりってことだ。俺は抜けるよ"って」。ポールに"アホ"と言ったのはたぶん世界中でもジョンだけだろう。

### オリヴィア・アライアス
Olivia Arias 人

ジョージの2人目の妻。1948年5月18日、メキシコ生まれ。ダーク・ホース・レコードに秘書として勤めていた74年にジョージと知り合い、78年8月1日に長男ダニーの誕生後、同年9月2日に入籍。ジョージの「人生の夜明け」のPVには下着姿で登場している。

大胆なの私 ♥

### オリンピック・サウンド・スタジオ
Olympic Sound Studios 場

ロンドンのバーンズにある独立レコーディング・スタジオ。1905年に開場した劇場バーンズ・シアターが65年にレコーディング・スタジオとして生まれ変わった。「ベイビー・ユーアー・ア・リッチ・マン」「愛こそはすべて」「サムシング」「ユー・ネヴァー・ギヴ・ミー・ユア・マネー」のレコーディングで使用。69年に未発表アルバム『ゲット・バック』のミックスもグリン・ジョンズがここで行なっている。

### オン・エア〜ライヴ・アット・ザ・BBC Vol.2
On Air-Live At The BBC Volume 2 アル

62年から65年にかけて「213曲」以外の珍しい曲が多数演奏された、BBCラジオ出演時の音源を選りすぐった『ザ・ビートルズ・ライヴ!! アット・ザ・BBC』の続編。ライヴ・バンドとしての実力は、こうしたラジオ出演時の演奏を聴けば即座にわかる。

### 女は世界の奴隷か!
Woman Is The Nigger Of The World 曲

ジョンとヨーコ名義のアルバム『サムタイム・イン・ニューヨーク・シティ』からのアメリカでの先行シングル。ヨーコが雑誌『ノヴァ』に寄稿した記事「Woman Is The Nigger Of The World」のタイトルをそのまま使ってジョン（とヨーコ）が書いた。"nigger"が差別にあたるとして放送禁止歌になった。"性格のいい"ジョンは、「どうしても曲を聴きたい人はここにどうぞ」と、放送禁止にしたラジオ局の番号を宣伝したそうだ。

## カーニヴァル・オブ・ライト
Carnival Of Light 🎵

67年1月にロンドンのラウンドハウス・シアターで開催された同名のイヴェント用にビートルズがレコーディングした、13分48秒に及ぶアヴァンギャルドな作品。ジョンよりも先にポールが前衛音楽に興味を持っていたのがわかる実例である。「実例」と言っても、『アンソロジー2』への収録を望んだポールに対し、ジョージ、リンゴ、ヨーコがOKせず、具体的に曲を聴いたのは、当日会場にいた人と関係者のみ。会場ではまだ誰も聴いていない「フィクシング・ア・ホール」の初期音源も流れたという。『サージェント・ペパーズ』50周年記念盤に入るかと思ったが、それも叶わずだった。

## ガール
Girl 🎵

ジョンにしか持ちえない名唱が聴ける中期の傑作（『ラバー・ソウル』に収録）。冒頭の"Is there"の"Is"の一声を聴いただけでシビレてしまうほどである。『Pain And Pleasure』というキリスト教関係の本にヒントを得て書かれたというこの曲についてエルヴィス・コステロは、映画『EIGHT DAYS A WEEK』で"苦しみは喜びに通じる"なんて、正気か？と思った」と語っていたが、ジョン自身、その本にある「苦痛の後に喜びがやってくる」という"教え"については懐疑的だったそうだ。「ウーマン」（『ダブル・ファンタジー』に収録）は「ガール」の80年代版だとジョンは語っていた。

## ガール・イズ・マイン
The Girl Is Mine 🎵

マイケル・ジャクソンのアルバム『スリラー』からの、ポールとの共演による先行シングル。82年10月18日に発売され、英8位・米2位を記録した。ジャケット撮影時にマイケルが来ていたジャンパーは、

80年のウイングスの幻の日本公演時に作られたものだった。そういえば、2017年の来日時にポールの妻ナンシーが着ていたのも、80年の日本公演の宣伝用に作られたウイングスの別のジャンパーだった。

## カール・パーキンス
Carl Perkins 👤

1932年4月9日、テネシー州生まれ。アメリカのロカビリー・ミュージシャン。ビートルズは「マッチボックス」「ハニー・ドント」「みんないい娘」をカヴァーした。64年6月1日に行なわれた「マッチボックス」のセッションにイギリス・ツアー中のカールが顔を出し、両者の初対面が実現。80年代以降も、『タッグ・オブ・ウォー』へのポールからの参加依頼など、交流は長く続いた。98年1月19日に死去。ジョージは4日後の葬儀で「ユア・トゥルー・ラヴ」を捧げた。

フツーのおじさんではない／ビートルズのアイドルだ！

## カイザーケラー
The Kaiserkeller 📍

ジョン、ポール、ジョージの3人がリンゴと出会ったドイツのハンブルクにあるライヴ・ハウス。60年8月17日から10月3日までの48日間、初のハンブルク・ツアーをインドラ・クラブで行なっていたシルヴァー・ビートルズは、近隣住民の苦情などから、演奏場所を翌10月4日にこのカイ

ザーケラーに移し、リンゴ在籍のロリー・ストーム&ザ・ハリケーンズと11月30日までの58日間、ともにライヴ活動を続けた。

## カイリ

2作目の主演映画『ヘルプ!』に登場するバハマの教団。リンゴの指輪をつけ狙う悪党一味、である。

## カウベル
*Cowbell* (楽)

牛などの家畜の首につける金属のベルが、名前の由来。ビートルズは主に初期に活用し、「ユー・キャント・ドゥ・ザット」「アイ・コール・ユア・ネーム」「家に帰れば」など64年に発表されたジョンの曲に使われることが多かった。ほかに「ドライヴ・マイ・カー」でもサウンドに彩りを添えた。

## 鏡の国のアリス
*Through The Looking-Glass, And What Alice Found There* (本)

1871年に発表されたルイス・キャロルの児童小説。『不思議の国のアリス』の続編。主人公の少女アリスが鏡を抜けて別世界へ迷い込む話で、その中にジョンが「アイ・アム・ザ・ウォルラス」の曲想を得た「セイウチと大工」が収録されている。

## 香月利一
(人)

1948年、群馬県生まれ。日本のビートルズ研究家。著書に『ビートルズ事典』『ビートルズ・ディスコグラフィー』『週に8日はビートルズ』(立風書房)、『マイ・ビートルズ』(講談社)、『ビートルソングス研究読本』(シンコー・ミュージック)、遺稿集『ビートルズ研究 毒・独・髑・読本』(音楽出版社)などがある。76年10月にアルバム『リンゴズ・ロートグラヴィア』の宣伝とレナウンのCM撮影でリンゴが来日した際に、『音楽専科』が行なったリンゴと宇崎竜童の対談に同行し、その場でリンゴに仲人を依頼。即席の結婚式を挙げた。99年7月23日死去。

## 金の無駄
(発)

ジョンとポールの音楽的志向の違いを伺わせるジョンの一言。具体的にはこうだ。ミュージカルやスタンダード・ポップスの好きなポールに対し、ロックンロールやリズム&ブルースを好むジョンは、ポールがハンブルクなどのステージで「蜜の味（A Taste Of Honey）」の曲紹介をする時に、得意の言い換えでこう口を挟んだ――「金の無駄（A Waste Of Money）」と。

## カミング・アップ
### Coming Up 曲

ポールの10年ぶりのソロ・アルバム『マッカートニーⅡ』からの先行シングル。80年4月11日に発売され、英2位・米1位を記録した。ジョンはロング・アイランドのコールド・スプリング・ハーバーに到着した翌日、車中のラジオから流れてきたこの曲が「頭から離れない」ほど印象に残ったという。その話を後で耳にしたポールは、「ジョンがレコーディングを再開するきっかけになった1曲だよ」と喜んだ。

## カム・トゥゲザー
### Come Together 曲

『アビイ・ロード』のオープニング曲。"Come together, join the party"というスローガンを盛り込んだ選挙のキャンペーン・ソングを依頼されたジョンが、チャック・ベリーの「ユー・キャント・キャッチ・ミー」の歌詞の一部とメロディを借用して書いたファンキーな曲である。

## カモメの鳴き声

『リボルバー』収録の「トゥモロー・ネバー・ノウズ」用にポールが自宅で作った、ディストーションをかけたギターを元にした奇妙なテープ・ループの音声のこと。こうした前衛的な試みは、一般的なイメージとは異なり、ジョンよりもポールのほうが早かった。これは、その最初期の好例である。

## 加山雄三
### 人

1937年4月11日、神奈川県生まれ。俳優、作曲家、歌手、タレントとして活躍。ニックネームは若大将。60年、慶応大学卒業後に東宝へ入社し映画デビュー。65年に映画『エレキの若大将』の主題歌「君といつまでも」が350万枚の大ヒットとなり、その後も数多くのヒット曲を生む。東芝音楽工業と契約していたこともあり、ビートルズの来日時の66年6月29日、滞在先の東京ヒルトン・ホテルを、東芝音楽工業の担当ディレクターの高嶋弘之氏、同社専務の石坂範一郎氏とともに訪れた。その際、自身の最新アルバム『ハワイの休日』をビートルズと一緒に聴き、5人ですき焼きを食べたという。

すき焼きを作って、食べ方をみんなに教えたんだよ

## 軽井沢
### 場

ジョンとヨーコに縁のある長野県の避暑地。ジョンがヨーコと日本に来たのは、71年1月が初めて。主夫時代にはショーンも連れて軽井沢を初めて訪れ、77年5月11日から10月7日、78年6月5日から9月16日、そして79年7月28日から8月28日までの計3回、万平ホテルやヨーコの別荘などで過ごし、サイクリングなどを楽しんだ。

## 彼氏になりたい
*I Wanna Be Your Man* 曲

　ジョンとポールが63年にローリング・ストーンズに提供したあと、リンゴのヴォーカル曲として『ウィズ・ザ・ビートルズ』用にレコーディングした。ポールは2017年の日本公演で「日本初公開」というMCとともに初披露した（ただしリハーサルではやったことはある）。シングル「フロム・ミー・トゥ・ユー」のセッションで録られたボツ曲「ワン・アフター・909」をストーンズに提供するという話もあったようだ。

## 革ジャン

　デビュー前のビートルズを象徴する衣装。イギリスの地元リヴァプールやドイツのハンブルクでの荒々しいロックンロールのステージには欠かせない汗まみれの4人が即座に目に浮かぶ。ブライアン・エプスタインのマネージャー就任後、特に62年夏以降は髪型も含めて"お行儀の良い"出で立ちになったが、もし革ジャン姿を続けていたら、ビートルズはリヴァプールのアイドル止まりだったかもしれない。

## カンボジア難民救済コンサート
*Concert For The People of Kampuchea*

　79年12月29日にワルトハイム国連事務総長の協力のもと、ポールの主導によって開催されたチャリティ・コンサート。ポール版「バングラデシュ・コンサート」とも言えるこのステージが、（80年にポールが日本で捕まったために）ウイングスの最後のライヴとなった

## キース・リチャーズ
*Keith Richards* 人

　1943年12月18日、イギリス・ダートフォード生まれ。ローリング・ストーンズのギタリスト。13歳でギターに目覚め、63年にデビュー。以来、ミック・ジャガーやチャーリー・ワッツなどとともに2017年の今でも現役最強のロック・バンドとして、ポールに匹敵するほどの長い音楽活動を続けている。68年12月11日に収録されたローリング・ストーンズのテレビ映画『ロックン・ロール・サーカス』では、エリック・クラプトンなどとともにジョンとヨーコのバックを務め、「ヤー・ブルース」と「ホール・ロッタ・ヨーコ」で珍しくベースを弾いた。

## 機関車トーマス
*Thomas The Tank Engine & Friends* 番

　リンゴがナレーターを務めた、幼児向けのイギリスのテレビ番組。リンゴが担当したのは、84年10月9日から12月25日まで放送の「シーズン1」と、86年9月24日から12月27日まで放送の「シーズン2」である。

### キニー
*Kinnie* (場)

　70年代半ばに東京の西新宿に開店した日本初の海賊盤専門店。正式名称は「レコード・ハウス KINNIE」。西新宿と言えばこの店。経営者がカルト宗教にはまったらしく、90年代初頭に閉店した。

### ギネス・ブック
*Guiness World Records*

　イギリスのビール会社が56年以降毎年刊行している、世界一の記録を集めた書籍。「イエスタデイ」が世界で最もカヴァー曲の多い曲として登録されているのは、ファンには有名な話だ。ポール本人も「ポピュラー音楽史上最も成功した作曲家」として登録され、86年5月26日にはギネス・ブックの殿堂入りも果たした。

### きのう切ったよ
(発)

　記者会見でのやりとりが面白いのもビートルズの大きな魅力のひとつだが、これもそんな一コマ。アメリカ初上陸の際、空港での記者会見で髪の毛をいつ切ったかと訊かれ、「伸ばしたままだよ」というポールの（ありきたりな）コメントにかぶせるようにジョージが返した一言である。ジョンも含め、その発言に全員同意、である。あれでも長髪だと言われていた時代を象徴するやりとりだろう。

### 樹の花
(場)

　東京・銀座にある喫茶店。開店4日目の79年8月4日にジョンとヨーコが立ち寄ったことでファンにはよく知られている、ビートルズゆかりの地のひとつ。ジョンとヨーコの似顔絵入り直筆サイン、ジョンが吸った煙草の灰皿が今でも店に置かれている。ショーンが映画『スーパーマン』を観ている間に立ち寄ったそうだ。

### ギブソン J-160E
*Gibson J-160E* (楽)

　ジョンとジョージが62年に購入したピックアップ（エレキ・ギター用のマイク）が付いたアコースティック・ギター。ジョンが63年に紛失したのは実はジョージのギターだったが、それが2015年に見つかり、オークションで240万ドル（約3億円）で落札された、なんていう話もある。いずれにしても、初期ビートルズ・サウンドに欠かせない代表的なギターである。

### キャヴァーン・クラブ
*Cavern Club* (場)

　ビートルズの聖地のひとつと言われるリヴァプールのライヴ・ハウス。もともとジャズ・クラブとして開業し、60年代にはリヴァプールのロックンロール・バンドの中心的な場所となった。73年に閉店したが、84年に開業当時のレンガや設計図を用いて再建された。ポールは99年12月14日、『ラン・デヴィル・ラン』発売記念のライヴの宣伝のために再建後初めてキャヴァーン・クラブを訪れ、300人のファンの前で演奏し、大きな話題となった。「キャヴァーン・クラブ」への出演は63年以来36年ぶりのことだった。

### キャピトル
*Capitol Records*

　アメリカの一大レコード・レーベル。ポピュラー音楽の中心だったアメリカでは、63年はまだビートルズはマイナー・レーベルとの単発契約しか結べず、キャピトルのプロデューサー、デイヴ・デクスター・ジュニアも、ビートルズよりも先に坂本九と契約を結んだほどだった。しかしアメリカ初上陸が決まり、売れる見込みが立ってからようやくビートルズと契約し、まずシングル「抱きしめたい」を発売。アメリカでのビートルズ旋風はこうして始まった。

### キャンディ
*Candy* 映

　リンゴ初の単独出演映画（68年6月21日公開）。アメリカで発禁処分となったテリー・サザーンの小説を映画化したもので、リンゴは庭師役で出演した。

### キャント・バイ・ミー・ラヴ
*Can't Buy Me Love* 曲

　"愛はお金じゃ買えない"とポールが歌うビートルズ初のメッセージ・ソング。64年1月29日に公演先のフランス（パリのEMIパテ・マルコーニ・スタジオ）でベーシック・トラックがレコーディングされた。ブルース&ジャズ風味もあるダイナミックなロックは、ライヴでも迫力満点で、ポールは2015年の武道館での"特別公演"の1曲目に披露してファンを喜ばせた。2017年の日本公演では普通に3曲目に演奏、である。

### キャンドルスティック・パーク
*Candlestick Park* 場

　66年8月29日にビートルズが最後のコンサートを行なったサンフランシスコにあったコンサート会場。2014年8月14日に同会場での最後のコンサートをポールが行ない、2015年2月に取り壊された。

### Can you dig it ?
発

　ジョンのお気に入りのフレーズ。69年の「ゲット・バック・セッション」で演奏された「ディグ・イット」の元歌と言ってもいい「ゲット・オフ！」を演奏中にポールがアドリブで喋った一言をジョンが気に入ったようで、その後、事あるごとにジョンの口をついて出るフレーズとなった。その後、このフレーズを元に同名曲を書き、それを発展させたアドリブ曲「ディグ・イット」が生まれた。ちなみに「ディグ・イット」のエンディングでは、ジョンが"That was 'Can You Dig It' by Georgie Wood"と言っている。

### キリスト発言
発

　真意が伝わらず「口は災いの元」となったジョンの発言。66年3月4日付のイギリスの新聞『イヴニング・スタンダード』に掲載されたジョンの「キリスト教はやがてなくなる。今、僕らはキリストよりもポピュラー」という発言が7月29日発売のアメリカの雑誌『デイトブック』に転載され、アメリカ南部を中心にビートルズ排斥運動へと発展した。その後、お詫び会見を開く事態となるまで追い込まれたジョンが、「キリストじゃなくてテレビと言えば良かった」と釈明、会場に苦笑交じりの笑いが起きた。

## 目を見張るおもしろさ！
## ビートルズ切手コレクション

世界で発行されているビートルズの切手を集める北村定義さん。約1300種類のコレクションをのぞかせていただきました！

テーブルに広げた切手はコレクションのごく一部。ビートルズに関係の深いイギリス、ドイツ、アメリカなどのほか、主に外貨獲得のため、アフリカや中米、旧ソ連など、日本人には馴染みの薄い国からも多数発売されている。

# 北村定義さんのおすすめ切手

### ビートルズ一番切手

自由の女神がフランスからアメリカへ送られて100年を記念して発行された4種の切手の中にジョンが登場！1986年5月5日発行。（モルティブ共和国）

初めてのビートルズの切手ということで紹介。ジョンは実際に、自由の女神前で写真を撮っており、これが切手の図案にもなっています。

### 出会い50周年記念切手

ジョンとポールが出会って50年を記念したシール式の切手。アルバム・ジャケットを描いた6種と小型シートが発行された。2007年1月9日発行。（イギリス）

本国イギリスらしい、二人の出会いを記念してというのがいいですね。日本でもこういうものを発行してほしい！

### ミレニアム記念切手

2000年を前に、ミレニアム記念として発行されたシリーズ切手。1960年代のシート（15種）のうちの1枚にイエロー・サブマリンが登場！1999年9月17日発行。（アメリカ）

ウッドストックやベトナム戦争、バービー人形などと一緒にビートルズが選ばれるというのがすごいですね。

**切手集めのアドバイス**

これからビートルズの切手を集めたいと思ったら、記念切手などを販売する切手屋さんやネットオークションなどをご覧になってはいかがでしょう。右利きのポールなど、見て楽しくなる切手がたくさんありますよ。

提供・撮影協力／北村定義さん　撮影／渡辺修司

## グーン・ショー
The Goon Show 番

特にジョンとポールが10代の時に好んで聴いていたイギリスのラジオ・コメディ番組。スパイク・ミリガンやピーター・セラーズらが出演し、人気を博した。彼らのレコードを手掛けていたのがジョージ・マーティンだったというのも面白い縁である。

## クォリーメン
The Quarry Men 人

ジョンがクォリー・バンク中学在学中の57年3月に結成し、59年10月まで活動したビートルズの前身バンド。ジョンとポールの「出会い40周年」当日の97年7月6日、元メンバーのピート・ショットン、エリック・グリフィス、ロッド・デイヴィス、レン・ギャリー、コリン・ハントンが集まり、セント・ピーターズ教会で再結成ライヴを行なった。2003年9月には東京・大阪でもコンサートを行ない、日本先行発売のCD『ソングス・ウイ・リメンバー』も制作された。

## クラヴィオリン
Clavioline 楽

1947年にフランスで作られた電子鍵盤楽器。デル・シャノンの「悲しき街角」に使われたのが有名だが、ビートルズでは「ベイビー・ユーアー・ア・リッチ・マン」に使われている。冒頭でゆらゆら揺れ動く音がそれ、である。

## クラウス・フォアマン
Klaus Voormann 人

1938年4月29日、ドイツ・ベルリン生まれのミュージシャン兼画家。ハンブルクでデザイン・イラストを学ぶ。恋人だったアストリット・キルヒヘルとともに、60年にカイザーケラーに出演していたデビュー前のビートルズに出会う。ベーシストとしてマンフレッド・マン、プラスティック・オノ・バンドなどに参加。画家としてビートルズの『リボルバー』、ジョージのシングル「FAB」、ビートルズの『アンソロジー』シリーズのジャケットなどを手掛ける。ジョンの『ジョンの魂』やジョージの『オール・シングス・マスト・パス』、リンゴの『リンゴ』をはじめ、多くのソロ・アルバムにも参加するなど、音楽的にもビートルズと最も付き合いの長い一人。

## クラウド・ナイン
Cloud Nine アル

ELOのジェフ・リンを共同プロデューサーに迎えて制作されたジョージのソロ・アルバム。表ジャケットでジョージが手にしているギターは、61年に購入したグレッチのギターで、20年前(67年)にクラウス・フォアマンに贈ったものの、撮影に際し、手元に置いておくことにしたという。シングル「セット・オン・ユー」が全米1位になるなど、ジョージの復活作としてビートルズ・ファン以外からも高い評価を得た。

## クラトゥ
*Klaatu* 人

　73年に結成された「ビートルズ」風のバンド。結成当時はメンバーは明らかになっていなかったため、76年に発売されたデビュー・アルバム『謎の宇宙船（3:47 EST）』とシングル「謎の宇宙船（Sub-rosa Subway）」は、ビートルズの変名（再結成）プロジェクトではないかと話題を呼んだ。78年にジョン・ウォロシャク、ディー・ロング、テリー・ドレーパーによるカナダのバンドであることが公表された。5枚のアルバムを残し、82年に解散したが、2005年には再結成ライヴを行なった。

## クラブ・サンドイッチ
*Club Sandwich* 本

　74年に創刊されたウイングスのファン・クラブの会報を引き継ぐ形で77年春に創刊（2月/3月号）された新聞仕立ての会報誌（発行社はポールの会社MPL）。ウイングス解散後、リンダ追悼特集の98年夏/秋号まで全86冊が発行された。ジョンが亡くなった時は一面にジョンの写真と"JOHN"の文字だけあしらった。最新情報だけでなく、リンダが撮影した珍しい写真も満載されている。

## クラプトンを入れればいい
発

　ジョンの痛烈な一言。「ゲット・バック・セッション」中の69年1月10日、ジョージのビートルズ脱退を受けて、エリック・クラプトンを気に入っていたジョンが言い放った一言である。ビートルズよりもヨーコとの時間を大切にしていたジョンは、ドラッグで頭がはっきりしていなかったのかもしれないが、これもまたジョンの一面である。

## クラベス
*Claves* 楽

　日本風に言うと「拍子木」。ビートルズでは、ポールの合いの手がいいアクセントになっている「ドント・バザー・ミー」と、これまた珍しいジョンのギロに合わせてリンゴが叩いた「テル・ミー・ホワット・ユー・シー」に使われている。

## グラミー賞
*Grammy Awards*

　音楽業界で功績を残した人々を称えるアメリカ最大の音楽賞。ビートルズは「ハード・デイズ・ナイト」「ミッシェル」「エリナー・リグビー」「レット・イット・ビー」「フリー・アズ・ア・バード」の各曲、『サージェント・ペパーズ』と『アビイ・ロード』の2枚のアルバム、『アンソロジー』と「フリー・アズ・ア・バード」『EIGHT DAYS A WEEK』の映像作品で受賞している。2014年1月に「特別功労賞生涯業績賞」が授与され、ポールとリンゴが26日と27日に2日続けてステージで共演した。その際、スティーヴィー・ワンダーとナイル・ロジャースが加わったダフト・パンクの「ゲット・ラッキー」のステージを、1人立ち上がってノリノリで踊るポールがかわいかった。

### グリーンピース
*Greenpeace*

「反捕鯨」で知られる環境保全・自然保護団体。ジョージが特に入れ込み、『想いは果てなく〜母なるイングランド』に収録した「地球を救え」のリミックス・ヴァージョンをグリーンピースのチャリティ・アルバム『われらグリーンピース!』に提供するなど、全面的に援助した。

### クリス・トーマス
*Chris Thomas* (人)

1947年1月13日、イギリス・ペリベイル生まれの音楽プロデューサー。ジョージ・マーティンが設立したAIRにアシスタントとして入社。『ザ・ビートルズ』のセッション途中で休暇に入ったジョージ・マーティンに代わって、68年9月9日から10月1日にかけて代理プロデューサーを務めた。「ピッギーズ」のハープシコードや「サボイ・トラッフル」のエレキ・ピアノなど、特にジョージの曲で印象的な演奏も聴かせた。

### クリスマス・レコード
(アル)

イギリスのオフィシャル・ファン・クラブの会員のために、ビートルズが63年から69年まで贈ったソノシート。63年から67年まではアルバム・セッションの合間に4人が揃って寸劇やアドリブ曲などを披露し、68年と69年は各自が別々に収録したものをケニー・エヴェレットが編集してまとめた。

### グリン・ジョーンズ
*Glyn Johns* (人)

1942年2月15日、イギリス・エプソン生まれ。レコーディング・エンジニア、プロデューサー。『レット・イット・ビー』の元となった未発表アルバム『ゲット・バック』のプロデューサーとしてビートルズマニアには広く知られている。

### グレイプス
*The Grapes* (場)

リヴァプールのマシュー・ストリートにあるパブ。まだお金のない頃にビートルズのメンバーがよく立ち寄った場所として知られる観光地のひとつ。

### グレープフルーツ
*Grapefruit* (人)

アップルが会社組織になる前の67年12月11日に、アップル・ミュージック・パブリッシングが初めてアーティスト契約を結んだグループ。バンド名は、その時にジョンが読んでいたヨーコの詩集からジョンが付けた。

### グレープフルーツ
*Grapefruit* (本)

オノ・ヨーコが64年に日本で出版した初の詩集（限定500部）。加筆された英語版も70年に出版され、以後、翻訳本も含めて世界中で発売されている。ジョンがこの詩集に影響を受けて「イマジン」を書いたのはファンには有名な話である。

### グレッチ・カントリー・ジェントルマン
*Gretsch Countrygentleman* 楽

　グレッチ社の代表的なエレキ・ギター。このギターの共同制作者であるチェット・アトキンスに憧れていたジョージが63年5月に購入し、さらに10月に2台目を手に入れた。『ウィズ・ザ・ビートルズ』では、「オール・アイヴ・ゴット・トゥ・ドゥ」をはじめ多くの曲で使用。

### グレッチ・デュオ・ジェット
*Gretsch Duo-Jet* 楽

　グレッチ初のソリッド・ボディとして53年に発売されたギターで、ジョージはデビュー前の50年代後半に57年製の中古ギターを購入した。『プリーズ・プリーズ・ミー』収録の「アイ・ソー・ハー・スタンディング・ゼア」や「ボーイズ」などで使用。

### グロウ・オールド・ウィズ・ミー
*Grow Old With Me* 曲

　ジョンの遺作となった『ミルク・アンド・ハニー』に収録された80年のデモ録音曲。94年から95年にかけてポール、ジョージ、リンゴが『アンソロジー』用に追加録音を行なうが完成に至らず、結局ジョージ・マーティンがオーケストラを加えたヴァージョンが『ジョン・レノン・アンソロジー』に収録された。

### ケイオス・アンド・クリエイション・イン・ザ・バックヤード 〜裏庭の混沌と創造
*Chaos And Creation In The Backyard* アル

　ポールが久しぶりに（ほぼすべて）一人で録音した、『マッカートニーⅢ』とも言えるビートルズ色の強いアルバム。ジョージ・マーティンの推薦によりナイジェル・ゴドリッチが共同プロデューサーに起用されたが、ナイジェルとの折り合いが悪く、ポール自身はこのアルバム曲を発売直後以外は演奏していない。ジャケット写真は弟マイケルが撮影した62年の自宅のポール。

### KKK
　白人至上主義を掲げるアメリカの秘密結社。正式名称は「クー・クラックス・クラン」。ジョンの「キリスト発言」を受け、ビートルズに脅しをかける、P.65のカイリをリアルにしたような悪党一味である。

### ゲット・バック
*Get Back* 曲

　バンド解散の危機を乗り越えるためにポールがジョンに呼びかけた、と言われるスワンプ風のロック。19枚目のオリジナル・シングルとして69年4月11日に発売された（英米1位を記録）。ビリー・プレストンがキーボードで参加し、レコードの盤面に「with Billy Preston」と、初めてメンバー以外の演奏者の名前がクレジットされた。ポールの気遣いだろうか、それともたまたまジョージが脱退したタイミングだったからだろうか、リード・ギターは珍しくジョンが弾いた。

## ゲット・バック・セッション

ビートルズの解散が決定的になったセッション。69年1月2日から31日まで約1ヵ月（実質21日間）、ロンドンのトゥイッケナム・フィルム・スタジオとアップル・スタジオで行なわれたが、途中でジョージが一時ビートルズを"脱退"するなど、実りはほとんどなかった。唯一の救いは、1月30日にアップル・ビルの屋上で行なわれた最後のお披露目ライヴだった。これらの模様は映画ならびにアルバム『レット・イット・ビー』としてまとめられ、70年に公開・発売された。

## ケロッグのコーンフレーク

曲作りの際にテレビをつけっぱなしにしていたジョンが、たまたま観たCM。それがどうしたという話だが、そこから動物の鳴き声などを盛り込んだ「グッド・モーニング・グッド・モーニング」が生まれたのだから、何がきっかけになるかはわからないという具体例のひとつ。

ジョンの好物

## 弦楽四重奏

「イエスタデイ」のアレンジ形態。65年6月14日のレコーディングの際に、通常のバンド編成ではないほうがいいというジョージ・マーティンの提案に対し、「マントヴァーニみたいに大げさにはしたくない」とポールが返し、弦楽四重奏を取り入れた世紀の名曲が生まれた。バックのメンバーは、トニー・ギルバート（第1ヴァイオリン）、シドニー・サックス（第2ヴァイオリン）、ケネス・エセックス（ヴィオラ）、フランシスコ・ガバーロ（チェロ）の4人。

## 原爆ドーム

ジョージは91年12月の日本公演の合間の12月7日（広島公演の翌日）に「広島原爆資料館」を訪れた。閉館30分前に入館したジョージは、観覧中に徐々に言葉少なになり、そのうちに一言も話さなくなり、焼け焦げた子どもの衣服を見た時は涙ぐみ、「つらいけれど、こういうことは忘れてはいけない」と語ったという。

## 恋を抱きしめよう
We Can Work It Out

ジョンとポールのそれぞれの曲を組み合わせた"分業"の始まりとなった1曲。「デイ・トリッパー」との両A面扱いで65年12月3日にシングルとして発売され、英米1位を記録した。歌詞に歌い込まれた楽観的なポールと悲観的なジョンの対比が印象的。邦題は、東芝音楽工業の担当ディレクターの高嶋弘之氏が、「抱きしめたい」をイメージして付けたという。

### 効果音
「トゥモロー・ネバー・ノウズ」のカモメの鳴き声を模したテープ・ループや「サージェント・ペパーズ」の歓声、「バック・イン・ザ・U.S.S.R.」のジェット音をはじめ、歌詞や曲調をもとに、曲をより引き立てるために使われる"小技"。SE（サウンド・エフェクト）とも言う。

### ゴールデン・スランバー～キャリー・ザット・ウェイト～ジ・エンド
Golden Slumbers/Carry That Weight/The End 🎵

ビートルズの最後のスタジオ録音作『アビイ・ロード』の最後に収録されたメドレー。「ジ・エンド」という曲で締めるのだから、（特に作者のポールは）最後を意図してアルバム制作に臨んだのは明らか、である。2017年のポールの日本公演でも最後に演奏された。

### コールド・ターキー
Cold Turkey 🎵

ビートルズでの発売をメンバーに却下されたジョンが、プラスティック・オノ・バンド名義で発表したシングル。麻薬の禁断症状を歌い込んだ内容は、いかにもジョンならでは。ポールがこの曲をモチーフにして書いたのが、懲りずにステージで演奏し続けているウイングスの「レット・ミー・ロール・イット」である。

### ゴールド・パーロフォン
イギリスのEMI傘下のパーロフォン・レーベルからデビューしたビートルズのレコードには、レーベルのロゴが入っている。通常は黄色だが、デビュー・アルバム『プリーズ・プリーズ・ミー』のみ、初回盤はレーベルのロゴや曲名などすべて金色で記載されていた。ゆえにマニア垂涎のレア盤として高値で取り引きされている。ステレオ・ミックスとモノ・ミックスの両方あり、ステレオ盤のほうが製造枚数が少ないため、状態の綺麗なものは3ケタ（100円じゃないよ）である。

### 国旗帯
東芝音楽工業（東芝EMI）の三代目ディレクター、石坂敬一氏が、アメリカや日本をはじめとした編集盤をわかりやすく整理するために、LPの帯の上部にどの国の編集盤かわかるようにしたもので、76年以降の日本盤LPに採用された。『プリーズ・プリーズ・ミー』から『レアリティーズVol.2』までイギリス、アメリカ、日本、オランダ、ドイツの5ヵ国、計35枚。70年代にビートルズに出会った第2世代に最も馴染み深い帯である。

### ゴッド
God 🎵

ジョンの"ビートルズ否定宣言"曲、あるいは"人間宣言"曲。信じるのはヨーコと自分だけ——と言えば済む話だが、ジョンは「信じないもの」をとことん挙げた。曰く「魔法も易経も聖書もタロットカードも真言も聖典もヨガもキリストも仏陀も王様もヒットラーもケネディもエルヴィスもディランもビートルズも」と。キリストを入れているのもジョンらしい。初のソロ・アルバム『ジョンの魂』収録。

### ゴドレー＆クレーム
Godley & Crème 人

元10CCのメンバーで、ともにイギリス・マンチェスター出身のケヴィン・ゴドレーとロル・クレームによるデュオ。音楽性の違いから76年に10CCを脱退し、以降ゴドレー＆クレーム名義で活動を続けた。ミュージック・ヴィデオの監督チームとして、リンゴ＆ポール夫妻出演の短編映画『ザ・クーラー』、ポリスの「見つめていたい」、ジョージの「FAB」や、ゴドレー単独でのポールの「カモン・ピープル」、ビートルズの「リアル・ラヴ」など、多数のPVも制作している。

### 5人目のビートルズ

"5人目"はいったい何人いるのだろうか。数えたことはないが、ざっと挙げてもブライアン・エプスタイン、ジョージ・マーティンは欠かせないし、スチュアート・サトクリフやピート・ベストや、もしかしたらヨーコ・オノやビリー・プレストンも加わるかもしれない。一方でビートルズは4人だから"5人目"という考え方自体がナンセンス、という声も聞かれる。いずれにしても、ビートルズを世界的人気者に育てた最も影響力のある人、ということで最初の2人が妥当だと思う。

### ゴフィン＝キング
Gerry Goffin And Carole King 人

ニューヨーク生まれの作詞家ジェリー・ゴフィンと、最初の妻でシンガー・ソングライターのキャロル・キングによる作詞作曲チーム。ジョンとポールの憧れのソングライター・チームで、ジョンは「イギリスのゴフィン＆キングになりたかった」と述懐している。ビートルズは彼らの「チェインズ」をカヴァーしている。

### 55,600人

豆粒のような4人を観るために集まった人の数。65年8月15日、ニューヨークのシェア・スタジアムで行なわれたロック初の野外（野球場）コンサートでの観客数である。もちろん当時の世界記録だ。

### ゴミ箱行き

特にジョンとポールは自分たちが書いた曲について、インタビューなどで振り返ることがある。その時に出来の悪い曲を称して言う時の言い回しがこれ。「くず」というのも個人的に好きな言い回しだが、特にそう思う曲は、ポールが他人に書いた「ワン・アンド・ワン・イズ・トゥ」と「ティップ・オブ・マイ・タング」である。

### これがビートルズ 本

65年に新興楽譜出版社（現・シンコーミュージック・エンタテイメント）から発売された日本で最初のビートルズ本である。ビリー・シェファード著。星加ルミ子訳。

### コンサート・フォー・ニューヨーク・シティ
The Concert For New York City

いわゆる「9.11」の約1ヵ月後の2001年10月20日にポールの呼びかけで、ニューヨークのマディソン・スクエア・ガーデンで開催されたチャリティ・コンサート。ポールは「9.11」後に急遽書いた「フリーダム」（ポールの新曲を聴いてひどいと思った2曲のうちの1曲）や、天然ポールならではの選曲（神経逆撫で系?）とも言える「アイム・ダウン」などを披露した。

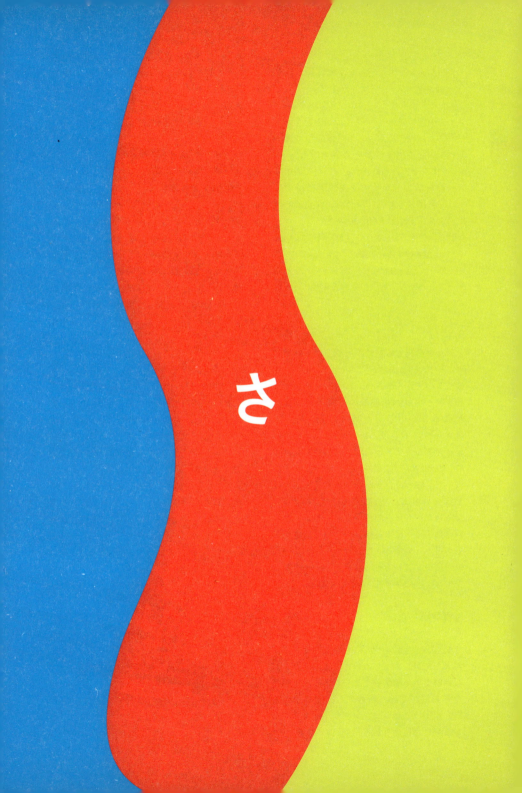

## サーカスのポスター

『サージェント・ペパーズ』に収録された「ビーイング・フォー・ザ・ベネフィット・オブ・ミスター・カイト」は、「ストロベリー・フィールズ・フォーエバー」のPVをケントで撮影した時に、ジョンが骨董品屋で買った1843年2月14日のサーカスの宣伝ポスターをヒントに作られた。ジョンはこのポスターの宣伝文句をそのまま歌詞に借用した。曲名はもとより、"Mr.Henderson（ヘンダーソン氏）""Pablo Fanque（パブロ・ファンク）"などの人名や、"hoops（くぐり輪）""Hogshead of real fire（火が点いた大樽）""trampoline（トランポリン）""Somersets（とんぼ返り）"などのサーカスの芸も、歌詞にそのまま盛り込まれている。

## 再結成

ジョンの死で永遠に不可能となった出来事。中でも傑作は、74年6月に、ニューヨークのプロモーター、ビル・サージェントがビートルズ再結成の一夜限定公演に42億払うと申し出た時のこと。対してジョージはこう返した――「ビル・サージェントってサメと人間を戦わせて見世物にしたヤツだろ。だったらヤツとサメが戦って、勝ったほうが権利を得るってのはどうだい」と。現在の"再結成ネタ"は、ジョンとジョージの息子を加えるか、あるいは息子たちによる結びつきの可能性があるか否か、である。むしろポールとリンゴに一緒にツアーをやってほしい――それがファン（というか著者）の願いである。

## サインはしない

4人の中でリンゴが最も現実的なタイプのようだが、ポールに負けず劣らずリンゴも誤解を受けやすいところがある。その最たる発言がこれ。高飛車な態度に思えるが、実際は心無いファンがサインをオークションなどに売り払う行為への"物言い"である。サインと言えば、著者が子供の頃に相撲を観に行った時に魁傑や長谷川、栃東らが快くサインをしてくれた。そういう出来事は忘れないものだ。だからリンゴがダメだというわけじゃないけど。

## サタデー・ナイト・ライヴ
Saturday Night Live

アメリカの著名なバラエティ番組。76年11月20日にジョージがポール・サイモンと出演し、お互いの代表曲を披露した。また、76年4月24日、ポールとリンダはダコタ・ハウスのジョンの部屋でたまたま番組を一緒に観ていた時に、プロデューサーが、ビートルズが番組で一緒に演奏したら3000ドルを支払うと申し出た。そこで2人はタクシーで局に本気で向かおうとしたそうだ。

## ザック・スターキー
Zak Starkey

1965年9月13日、ロンドン生まれ。リンゴと、元妻のモーリンとの間の長男。幼い頃からドラムが好きで、ザ・フーのキース・ムーンからドラムを教わる。17歳でプロ・デビュー。父リンゴのオール・スター・バンドへのゲスト参加のほか、90年にはエイモス・ピッツィとともにアイスというデュオを結成し、来日公演も行なった。

## サージェント・ペパーズ・ロンリー・ハーツ・クラブ・バンド
**Sgt. Pepper's Lonely Hearts Club Band** ⓐ

ポールのアイディアをもとに、5ヵ月延べ700時間をかけて制作された67年のアルバム。ビートルズのアルバムの中ではマニアの評価はそれほど高くはないものの、「20世紀のロックの名盤」と言われるように、ロックの歴史を語る上では欠かせない作品である。ライヴ活動を中止したビートルズが別のバンドに扮し、スタジオで疑似ライヴを行なう――そのコンセプトが何より素晴らしい。まず聞こえてくるのは、会場のざわめきだ。そして「ペパー軍曹のバンド」が繰り広げるステージは、アンコール曲「ア・デイ・イン・ザ・ライフ」で大団円となる。だが、それで終わらないのがビートルズの味。レコードの内周の溝に、犬にしか聞こえない高周波のノイズと意味不明の声を忍び込ませたのだ。

このアルバムが"20世紀の名盤"と言われるのには、もうひとつ大きな理由がある。ピーター・ブレイクと妻のジャン・ハワースが手掛けた斬新なジャケット・デザインだ。有名無名を問わず、リンゴ以外の3人が半分ほど選んだという人々がビートルズを取り囲むかのように配置されている。左側にいるアイドル時代のビートルズの蠟人形は、"過去"の自分たちとの決別を表明したものに違いない。

3月30日にマイケル・クーパーがジャケットを撮影した時には、"登場人物"の使用許諾がまだ半分程度しか得られていなかったため、危ない橋を渡るわけにはいかないと考えたブライアン・エプスタインは、目立たないように茶色の封筒でジャケットを包んで発売するようにと強く要望したというエピソードがある。

切り抜き細工などの付録、サイケ模様のレコードの内袋、裏ジャケットの歌詞の掲載など、手の込んだこの"アート作品"は、67年6月1日に発売され、英22週連続（通算27週）1位・米通算15週1位を記録。67年度グラミー賞の4部門も受賞した。

2017年5月26日に、未発表音源などを追加収録した50周年記念のリミックス盤が発売され、英1位・米3位を記録。この名盤の凄さを世界中のファンは改めて思い知らされたのだった。

50周年記念エディション〈6枚組スーパー・デラックス〉

## ザップル
*Zapple*

ビートルズが68年に設立したアップルは"A"で始まるので、それに引っかけて、アルファベットの最後の"Z"をアタマにくっつけて命名されたレーベル。より自由度の高い実験的な作品を扱う音楽部門として69年5月1日に設立された。最終的にアラン・クラインに潰された。

## thenewno2
(人)

2006年にジョージの息子ダニーとオリヴァー・ヘックスがロンドンで結成したバンド。2007年にiTunes限定EP「EP001」でデビュー。

## サムシング
*Something* (曲)

初めてシングルA面となったジョージの曲。『アビイ・ロード』に収録され、21枚目のオリジナル・シングルとして「カム・トゥゲザー」との両A面扱いで69年10月31日に発売され、英4位、米1位を記録。「イエスタデイ」に次いでカヴァーの多いビートルズ・ナンバーである。パティへの想いを歌ったと言われるが、パティに向けたものではないという説もある。ジェイムス・テイラーのアップルからのデビュー・アルバム収録曲「Something In The Way She Moves」の出だしの歌詞をジョージ

はそのまま借用した。ということで、ビートルズの21枚目のシングルは、A・B面ともに"借用ソング"ということになる。

## サムシング・ニュー
*Something New* (アル)

アメリカ編集盤。キャピトルからの3枚目のアルバムとして64年7月20日に発売された。ユナイテッド・アーティスツから同時期に発売された映画『ハード・デイズ・ナイト』のサウンドトラック盤には未収録の、"ちょっと新しい"内容を売りにし、予約だけで75万枚に達した。だが、チャートではそのサウンドトラック盤に阻まれ、9週連続2位止まりに終わった。

## サムタイム・イン・ニューヨーク・シティ
*Sometime In New York City* (アル)

ジョンとヨーコの最も"政治的"な2枚組アルバム。72年9月15日(アメリカは6月12日)に発売され、英11位・米48位を記録。

## 慈愛の輝き
George Harrison アル

『オール・シングス・マスト・パス』と並び70年代のジョージの名作として人気がある。妻パティとの離婚、「マイ・スウィート・ロード」の盗作訴訟の示談成立、父ハロルドの死去、長男ダニーの誕生、オリヴィアとの結婚など、公私ともに節目となる歳月を過ごす激動の時期にじっくり時間をかけて制作された。

## シーズン・オブ・グラス
Season Of Glass アル

ジョンの死の半年後にヨーコが発表したソロ・アルバム。ジョンの血塗りのメガネを使ったジャケットや、4発の銃弾と悲鳴をイントロに配して12月8日当日を再現した「ノー・ノー・ノー」のように、ヨーコにしか作りえないアイディアが詰まった傑作である。

## シー・ラヴズ・ユー
She Loves You 曲

イントロの「ドラ2連打」だけで歌い出す展開、いきなりサビで始まる展開、「イェーイェーイェー」コーラス、そして3人称の視点で書いた歌詞——初期ビートルズの革新性が思う存分詰め込まれたシングルである。63年8月23日に発売され、英米1位を記録。予約だけで50万枚に達し、半年足らずで150万枚のセールスを記録する大ヒットとなる。個人的にも、最初に意識的に聴いた思い出深い曲。

## ジーン・ヴィンセント
Gene Vincent 人

1935年2月11日、ヴァージニア州生まれ。ジョンのお気に入りのロックンローラーの一人で、ポールと出会った日にジョンが歌った「ビー・バップ・ア・ルーラ」のヒットで知られる。ビートルズはデビュー直前の62年にハンブルクで共演している。71年10月12日に36歳で死去。

## シェア・スタジアム
Shea Stadium 場

65年8月15日、ビートルズが5万5600人という屋外コンサートの観客動員記録を作ったニューヨークの野球場。野球場でのコンサートもビートルズが初めてだった。2008年7月18日、最後のコンサートとなったビリー・ジョエルのステージのアンコールに、ポールは飛び入り出演した（現在は「シェイ」表記が一般的だが、本書ではあえて「シェア」表記にした）。

## ジェイペイジ・スリー
Japage 3 人

ビートルズ研究の第一人者、マーク・ルイソンの大書『ザ・ビートルズ史』で明かされた新事実のひとつ。ジョンが作ったクォリーメンを母体にシルヴァー・ビートルズなどへと改名後、ビートルズというグループ名になったというのが通説だったが、58年7月から59年8月までの1年間、ジョン、ポール、ジョージがそれぞれの名前を冠したジェイペイジ・スリーと名乗って3人組で活動していたことが明らかになった。

## ジェイムズ・マッカートニー
James McCartney (人)

ポールの父。1902年7月7日（リンゴと同じ誕生日）、エヴァートン生まれ。愛称はジム。綿花のセールスマンで、セミ・プロのジャズ・ミュージシャンでもあった。39歳でメアリー・モーヒンと結婚。56年に妻を亡くしてからは、ポールと弟のマイケルを育てる。76年3月18日に死去。ポールが16歳の頃に書いた「ホエン・アイム・シックスティ・フォー」は、父が64歳になる66年に完成させ、66年12月にレコーディングした曲である。父が50年代初頭に作った「ウォーキング・イン・ザ・パーク・ウィズ・エロイーズ」をポールは74年にカントリー・ハムズ名義で発表。82年に出演したBBCのラジオ番組では「無人島に持っていくレコード」にジョンの「ビューティフル・ボーイ」などとともにその曲を選んだ。

## ジェイムズ・マッカートニー
James Louis McCartney (人)

ポールとリンダの間に生まれた長男。本名はジェイムズ・ルイス・マッカートニー。1977年9月12日、ロンドン生まれのシンガー・ソングライター。ポールの『フレイミング・パイ』『ドライヴィング・レイン』、リンダの『ワイド・プレイリー』に参加後、2010年に『Available Light』でデビュー。『ザ・ブラックベリー・トレイン』にはジョージの息子ダニーも参加している。

## ジェイムズ・ポール・マッカートニー
James Paul McCartney (番)

イギリスのATVが制作したウイングスのテレビ・ショー。アメリカで73年4月16日に、イギリスでは5月10日に放映された（日本でも74年にNHK『世界のワンマン・ショー』の第1回目に放映）。まだ動画サイトも──というよりもPCやスマートフォンなども普及していない時代だったため、ウイングスの動く映像を観る機会はPV以外はほとんどなかった。そのため、70年代前半のポールのスタジオ・ライヴが観られる貴重な映像として、ファンの間でもいまだに人気が高い。

## シェー

赤塚不二夫の『おそ松くん』の登場人物の1人、イヤミのお得意のポーズ（と掛け声）。66年に来日した際、日本のキッズに何が流行っているのかと訊かれた『ミュージック・ライフ』の星加ルミ子編集長は、人気のあった「シェー」のポーズをジョンにさせて写真にも収めた。さすがは星加さん！

## ジェーン・アッシャー
Jane Asher (人)

1946年4月5日、ロンドン生まれ。5歳の時に映画『マンディ』で女優としてデビュー。63年4月18日にポールと出会い、67年12月25日に婚約したが、68年7月20日に婚約破棄を公表した。「今日の誓い」と「君はいずこへ」は、ポールがジェーンとの"思い出"を綴ったビートルズ・ナンバーである。

裏切ったわねポール

## ジェフ・エメリック
Geoff Emerick 〈人〉

1946年、ロンドン生まれのエンジニア。15歳でEMI（アビイ・ロード）スタジオに入社。63年にビートルズのセカンド・エンジニア、66年の『リボルバー』以降はノーマン・スミスに代わってチーフエンジニアとなり、革新的な音作りでジョージ・マーティンを支えた。自伝『ビートルズ・サウンド　最後の真実』はビートルズマニアの間で好評を博した。

## ジェフ・リン
Jeff Lynne 〈人〉

1947年12月30日、イギリス・バーミンガム生まれ。ビートルズ・フリークの代表的ミュージシャン、プロデューサーの一人。リンゴの『タイム・テイクス・タイム』で数曲プロデュースを手掛けたのに続き、ジョージの『クラウド・ナイン』では共作・共演・共同プロデュースで関わり、ジョージ復活に貢献した。ジョージの信頼を得て、ビートルズの『アンソロジー』プロジェクトでは"新曲"「フリー・アズ・ア・バード」「リアル・ラヴ」の実質的なプロデューサーとなった。

ビートルズ大好き

## ジェリービーンズ

64年にアメリカ初上陸を果たした際に記者会見でジョージが（うかつにも）「好きだ」と言ったため、ワシントン・コロシアムのステージめがけて次から次へと飛んできたお菓子。公演後、言わなきゃよかったとばかりにジョージはこうつぶやいた——「アメリカのやつは固くて、まるで弾丸なんだ」

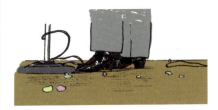

## 時事放談
〈番〉

「今の若いやつは……」とどうしても言いたい"大人"による言いっぱなしのテレビ対談・討論番組。ビートルズの来日時ももちろん「議題」となった。政治評論家・細川隆元氏と小汀利得氏から「ビートルズが乞食芸人なのは、騒いでいる気狂い少女どもを見れば一目瞭然」という発言が飛び出し、それに対抗する女性ファンとの激論が、同じTBS系列の『話題をつく』で放映された。女性ファンの反論の一例——「おじさま、毛が薄くなったんで、ひがんでるんじゃない。くやしかったら伸ばしてみてよ」。のどかな時代である。

## シタール
Sitar 〈楽〉

ジョージが65年に映画『ヘルプ!』の撮影中に出会った北インド発祥の弦楽器。66年に本腰を入れてラヴィ・シャンカールの手ほどきを受けたジョージは、その後「習得するのは一生かかっても無理」と"悟った"ものの、シタールを取り入れた曲を数多く発表した。「ノルウェーの森」「ラヴ・ユー・トゥ」などで聴ける。

## シマウマ

日本公演で2曲目に「シーズ・ア・ウーマン」を歌ったポールが、曲の後半に、受け狙いでタイトル・フレーズを"シマウマ"と言い換えて歌ったが、誰も気づかなかったというエピソード。ただし、ほんとに"シマウマ"と歌ったのかどうかは確証はない。というか"空耳"?

## ジミー・ニコル
Jimmie Nicol 人

1939年8月3日、ロンドン生まれのドラマー。64年6月のツアー(デンマーク・オランダ・香港・オーストラリア・ニュージーランド公演)に、扁桃腺の手術のリンゴの代役としてオーストラリア公演の途中まで11公演だけ"ビートルズのドラマー"となった。後に「最悪の経験だった」と語った程度で、この時のことはほとんど公にしていない。

## ジミ・ヘンドリックス
Jimi Hendrix 人

1942年11月27日、シアトル生まれのロック・ギタリスト。通称「ジミヘン」。『サージェント・ペパーズ』発売直後にいち早くタイトル曲をカヴァーし、その演奏を観たポールが、世界初の野外ロック・フェスティバルとなった「モンタレー・ポップ・フェスティバル」への出演を強く要望した。70年9月18日死去。

## 下山鉄三郎 (しもやまてつさぶろう)
人

東京・築地にあった映画館「松竹セントラル」の支配人。64年に日本で映画『ハード・デイズ・ナイト』が公開された際、ファンの名簿を作ったことがきっかけとなり、65年にファン・クラブが発足。初代会長を務めた。66年の来日時にビートルズに会い、4人が描いた"女性をイメージした絵"をプレゼントされた人物としてマニアに有名。

## ジャッキー・ロマックス
Jackie Lomax 人

1944年5月10日、リヴァプール近郊のワラシー生まれ。ビートルズよりも一足早くドイツのハンブルクで人気を得た。63年にアンダーテイカーズとしてデビューするも、ヒットには恵まれず。67年にブライアン・エプスタインに誘われて68年にアップルと契約し、ジョージ作の「サワー・ミルク・シー」を発表。ジョージ、ポール、リンゴ、エリック・クラプトンなども参加した豪華なセッションとなったがヒットせず。2013年9月15日死去。

## 上海サプライズ
Shanghai Surprise 映

　ジョージが設立したハンドメイド・フィルムズ制作による映画で、主演はマドンナとショーン・ペン。映画はほとんど話題にならず、ジョージとマドンナの関係も続かなかった。ジョージ曰く「マドンナはユーモアのセンスがない」。

## 12月8日

　ジョン・レノンが殺された日。80年12月8日午後10時50分、ニューヨークのレコード・プラントでヨーコのニュー・シングル「ウォーキング・オン・シン・アイス」のリミックスを終えてダコタ・ハウスに戻ったジョンは、ハワイ出身の25歳のマーク・チャップマンに撃たれて40歳で亡くなった。

## ジュリア・スタンリー
Julia Stanley 人

　ジョンの母。1914年3月12日、リヴァプール生まれ。スタンリー家の4女として誕生し、40年にアルフレッド・レノンと結婚するが、ジョンが誕生して間もなく結婚は破綻。58年7月15日、警察官の車にはねられ死去。「ジュリア」はジョンが母とヨーコのイメージを重ね合わせて書いた曲である。

## ジュリアン・レノン
Julian Lennon 人

　ジョンとシンシアの長男。1963年4月8日、リヴァプール生まれのミュージシャン。5歳で両親が離婚した後は、母シンシアと暮らす。84年にアルバム『ヴァロッテ』でデビュー。アルバム・タイトル曲「ヴァロッテ」は父親そっくりのメロディ・サウンド・ヴォーカルがビートルズ・ファン以外にも話題となり、アメリカで9位を記録。セカンド・シングル「トゥー・レイト・フォー・グッドバイ」も5位を記録し、アルバムも17位まで上がるヒットとなった。85年と86年には日本公演も行ない、「イット・ウォント・ビー・ロング」や「デイ・トリッパー」などのビートルズ・ナンバーも披露した。「ヘイ・ジュード」は幼いジュリアンを励ますためにポールが書いた曲である。

ポールラヴ♥　ポールっぽほんと　いつでもやさしいんです

## 上位5位独占

　64年4月4日、ビルボードのシングル・チャートでビートルズの曲が1位から5位を独占。アメリカでのビートルズ旋風を象徴する、有り得ない記録だ。ちなみに上位5曲は「キャント・バイ・ミー・ラヴ」「ツイスト・アンド・シャウト」「シー・ラヴズ・ユー」「抱きしめたい」「プリーズ・プリーズ・ミー」。翌11日のチャートでは、トップ100に14曲を送り込むという偉業も達成した。これほど多くの曲が同時にチャート・インしたのは、63年にアメリカのマイナー・レーベルで発売されたシングルも、この機に乗じて再発売されたからだが、そうした曲も売れたのだから、やっぱりスゴイ。

### ジョー・ウォルシュ
Joe Walsh 人

まさかの義弟!!!

1947年11月20日、カンザス州生まれ。元イーグルスのギタリスト。リンゴのオール・スター・バンドのメンバーとなった縁もあり、リンゴの妻バーバラ・バックの妹と結婚したため、今では「リンゴの義理の弟」である。リンゴとの繋がりが深く、『オールド・ウェイヴ』のプロデュース・共作などを手掛けたほか、『ヴァーティカル・マン』や『ワイ・ノット』にも参加した。

### ジョージ脱退（だったい）

「ゲット・バック・セッション」をトゥイッケナム・スタジオで行なっている最中の69年1月10日の出来事。昼食休憩前にジョンに「今すぐグループを抜ける」と言い、昼食後、「クラブでまた会おう」と言い残してジョージはそのままスタジオを後にした。ジョージの脱退は、ジョンに弟分として蔑まれ、ポールには扱量も含めて下に見られ続けた不満が爆発した形だった。

### ジョージ・ハリスン
George Harrison 人

1943年2月25日、ハロルド・ハリスンとルイーズ・フレンチの三男としてリヴァプールに誕生（実際の生まれは2月24日だとジョージは後に明かした）。リヴァプール・インスティテュートに進学し、兄と一緒にスキッフル・バンドを結成。その後、1学年上のポールと知り合い、58年にポールの紹介でジョンのバンド、クォリーメンに参加。ビートルズではリード・ギターを担当したほか、シタールやモーグ・シンセサイザーなど"異種楽器"を取り入れた。66年にパティ・ボイドと結婚したが、クラプトンとの三角関係などが原因で離婚。その後オリヴィア・アライアスと出会い、78年に息子ダニーが生まれて2人は入籍した。代表作は『オール・シングス・マスト・パス』『慈愛の輝き』『クラウド・ナイン』『ブレインウォッシュト』など。2001年11月29日死去。

### ジョージ・マーティン
George Martin 人

5人目のビートルズは…オレだっ!

ビートルズの音楽面での"育ての親"。1926年1月3日、ロンドン生まれ。50年にEMIに入社。62年にビートルズと出会い、ほぼすべての曲のプロデュースを担当。「イエスタデイ」に弦楽四重奏のアレンジを提案したり、「イン・マイ・ライフ」にピアノで参加したりと、「5人目のビートルズ」としてビートルズのサウンド作りにも貢献した。65年にEMIから独立し、AIRを設立。96年にサーの称号を授与される。2016年3月8日死去。

### ショーン・レノン
Sean Lennon 人

1975年10月9日、ニューヨーク生まれ。両親はジョンとヨーコ。ヨーコのカヴァー・アルバム『エヴリマン・ハズ・ア・ウーマン』収録の「イッツ・オールライト」が最初のレコーディング作品。98年に『イントゥ・ザ・サン』でソロ・デビュー。2009年には自らのレーベル、キメラ・ミュージックを設立した。

## Column 2017年 ポール武道館観戦記

2017年のポール来日♪
初日の武道館へ足を運んだ著者の
観戦記を熱くお届けします!!

　ポールの2017年のツアーは日本から始まった。しかも初っ端が武道館である。日本初披露となるオープニングの「ハード・デイズ・ナイト」や「ジュニアズ・ファーム」を含め、前回の公演よりもロック度が上がったように感じた。

　最も印象的だったのは、中盤のアコースティック・セットで演奏された、最古の録音曲「イン・スパイト・オブ・オール・ザ・デインジャー」。演奏もさることながら、その曲のMCでの、これ以降頻発する"日本語化"した英語が抜群に面白かった。たぶんローマ字で書かれた「BITORUZU」というような表記だったのだろう。「びぃとるずぅ」と発音したポールが、「ああ"Beatles"のことか、それなら知ってるよ」とおどけてみせたのだ(その後の東京ドーム公演では「ごぉるでんういいく」なども登場)。

　久しぶりに来るポールは「コンサートをしに日本にわざわざ来た」という「よそ行き」の雰囲気があるが、今回のように頻繁に日本にやって来るポールは、まるで故郷リヴァプールにゲットバックしたかのような人懐っこさがある。それを実感した武道館公演だった。

### SETLIST

1. A Hard Day's Night
2. Jet
3. Drive My Car
4. Junior's Farm
5. Let Me Roll It
6. I've Got A Feeling
7. My Valentine
8. 1985
9. Maybe I'm Amazed
10. We Can Work It Out
11. Every Night
12. In Spite Of All The Danger
13. Love Me Do
14. Blackbird
15. Here Today
16. Queenie Eye
17. Lady Madonna
18. I Wanna Be Your Man
19. Magical Mystery Tour
20. Being For the Benefit Of Mr.Kite!
21. Ob-La-Di,Ob-La-Da
22. Sgt.Pepper's Lonely Hearts Club Band (Reprise)
23. Back In The U.S.S.R.
24. Let It Be
25. Live And Let Die
26. Hey Jude encore
27. Yesterday
28. Hi Hi Hi
29. Golden Slumbers/Carry That Weight/The End

### ジョニー&ザ・ムーンドッグス
Johnny And The Moondogs 人

57年10月、テレビ・タレント発掘番組のために、ビートルズの前身バンド、クォリーメンがわずか1ヵ月だけ名乗ったバンド名。メンバーは、ジョン、ポール、ジョージ。タレント目指して愛称の「ジョニー」を前面に出すあたりがジョンらしい。

### ジョン、つまみ出される

ジョンとヨーコの別居中の74年3月12日（正確には3月13日0時20分頃）に、酔いどれ仲間のハリー・ニルソンと足を運んだロサンジェルスのトルバドール・クラブで起きた出来事。ジョンはステージ上のスマザーズ・ブラザーズに暴言を吐き、クラブからつまみ出されたのだ。ジョンは3月14日にニルソンとの連名でクラブに謝罪の花束を贈ったそうだ。

### ジョンとポール脱出

日本公演では右翼の暴動やファンの熱狂など予想以上の社会現象となったため、警備強化のために4人はホテルに缶詰めとなった。そうした中、警備の隙をついて外出したのがジョンとポール。それぞれ仲の良いロード・マネージャーを伴い、ジョンは午前9時過ぎに原宿の骨董品店「オリエンタルバザール」と麻布材木町の古美術店「朝日美術」に、ポールは午前11時20分頃に皇居に（四谷の風俗店に行くのを断念して、とか）それぞれ向かった。

### ジョンとヨーコのバラード
The Ballad Of John And Yoko 曲

ジョンとポールが2人だけで録音したビートルズ唯一の曲。69年3月20日に結婚式を挙げたジョンとヨーコの曲を、ビートルズとして、しかもシングルA面で発表する──異例づくしの曲だが、なぜそうなったかというと、ポールはジョンに「ビートルズをやめてほしくなかった」からである。ジョンへの歩み寄り（引き留め工作）が形になった曲、というわけだ。

### ジョンの魂
John Lennon/Plastic Ono Band アル

ジョンのソロ名義のファースト・アルバム。プライマル療法──精神的なダメージの根本的な原因がどこにあるかを過去へ過去へと探っていき、"叫ぶこと"によってその傷を癒すという治療法──の影響下で制作されたアルバムで、簡潔なサウンドをバックにレコーディングされた。「ママ行かないで！ パパ帰ってきて！」とジョンが叫ぶ「マザー」や「ビートルズを信じない」と歌われる「ゴッド」をはじめ、あまりに赤裸々な、そしてあまりにジョンらしい衝撃作である。

### ジョン・レノン
John Lennon 人

1940年10月9日、アルフレッドとジュリアの長男としてリヴァプールに誕生。両親の離婚により伯母のメアリー（ミミおばさん）夫婦に育てられる。クォリー・バンク中学時代にクォリーメンを結成。ビートルズではリーダー的存在で、リズム・ギターを担当。62年シンシア・パウエルと結婚。66年にオノ・ヨーコと出会い、69年に結婚（シンシアとは68年に離婚）。75年以降はショーンの子育てのために5年間"主夫"となる。80年に音楽活動を再開し、『ダブル・ファンタジー』を発表したが、その矢先の80年12月8日、マーク・チャップマンに銃で撃たれ、40歳の若さで死去。代表作は『ジョンの魂』『イマジン』など。

## 如雲玲音
### じょんれのん

ジョンのソロ・アルバム『マインド・ゲームス（ヌートピア宣言）』のジャケット右下にある落款。「如雲玲音」はそのまま読むと「じょうんれいおん」すなわち「ジョン・レノン」である。ジョンが描いた画集『バッグ・ワン』には1字異なる「蛇雲玲音」と記されているようだが、高すぎて現物は未確認。

## ジョン・レノンの僕の戦争
*How I Won The War* 映

ライヴ活動をやめた後にジョンが66年秋に出演した反戦映画（67年公開）。この時にジョンは、その後のイメージとして定着する丸メガネ（おばあちゃんメガネ）を初めてかけた。監督は、ビートルズの主演映画『ハード・デイズ・ナイト』と『ヘルプ！』を手掛けたリチャード・レスター。

## ジョン・レノン・ミュージアム
*John Lennon Museum* 場

埼玉県さいたま市にあったジョン・レノンをテーマとした博物館。2000年10月9日（ジョンの生誕60年）にオープンし、およそ10年後の2010年9月30日に閉館。愛用のギターや自筆の作詞メモ、ステージ衣装など、ゆかりの品が多数展示された。

## シラ・ブラック
*Cilla Black* 人

1943年5月27日、リヴァプール生まれの女性シンガー。キャヴァーン・クラブで働いていたところ、ビートルズと知り合い、ブライアン・エプスタインの事務所NEMSの専属歌手となる。ポールに「ラヴ・オブ・ザ・ラヴド」「イッツ・フォー・ユー」「ステップ・インサイド・ラヴ」を贈られた。2015年8月3日に死去。

いい歌をありがとう♥

## シルヴァー・ビートルズ
*The Silver Beatles* 人

ビートルズの前身バンドのひとつ。メンバーはジョン、ポール、ジョージ、スチュアート・サトクリフ、トミー・ムーア、ノーマン・チャップマン。60年5月から8月までこのグループ名で活動した。

## シンシア・パウエル
*Cynthia Powell* 人

1939年9月10日、リヴァプール生まれ。ジョンの最初の妻。59年、リヴァプール・カレッジ・オブ・アートでジョンと出会い、62年、長男ジュリアンの妊娠を機に8月23日に結婚。68年11月に離婚した。ジョンとの思い出を綴った自伝『素顔のジョン・レノン：瓦解へのプレリュード（A Twist Of Lennon）』がある。2015年4月1日に死去。

ジョンもういいわよ！

### 真珠の間

ビートルズが来日した際に宿泊した東京ヒルトン・ホテル（現キャピトル東急ホテル）にあった大宴会場。66年6月29日、記者会見が行なわれた場所である。

### スージー・アンド・ザ・レッド・ストライプス
Suzy And The Red Stripes 〈人〉

リンダ・マッカートニーのソロ・シングル「シーサイド・ウーマン」の発売時に使われた別名。「幸せのノック（Let'em In）」の歌詞に出てくる"Sister Suzy"もリンダのことである。

### 過ぎ去りし日々
All Those Years Ago 〈曲〉

ジョージが書いたジョンへの追悼曲。当初はリンゴの新作『キャント・ファイト・ライトニング』用の提供曲だったが、ジョ

ンの死を受け、リンゴへの提供曲の歌詞を死の4日後に書き替え、ポール、リンダ、デニー・レイン、ジョージ・マーティン、ジェフ・エメリックの協力を得て、自分の曲として発表した。

### スキッフル

もともとアメリカで生まれたブルース、ジャズ、カントリーの混合音楽。レッドベリーの「ロック・アイランド・ライン」と「ジョン・ヘンリー」をロニー・ドネガンがカヴァーし、56年にイギリスでヒット。イギリスでスキッフル・ブームが起こり、それを聴いたジョンが最初のグループ、クォリーメンを作る大きなきっかけとなった。ポールがジョンに出会った日にクォリーメンが演奏していたのも、洗濯板や茶箱のベースなど、スキッフル・バンドの簡素な編成だった。

### スキヤキ
Sukiyaki 〈曲〉

63年6月に日本人初の（唯一の）全米1位となった坂本九の代表曲。日本語のタイトルは、もちろん「上を向いて歩こう」である。ビートルズよりも先に坂本九と契約を結んだキャピトルのデイヴ・デクスター・ジュニアの判断は正しかった、いや間違ってはいなかったということになる。

### すきやき

来日時に加山雄三がビートルズと一緒に食べた日本食。同席できると思っていた東芝音楽工業の担当ディレクターの高嶋弘之氏は、東芝レコードの専務取締役の石坂範一郎氏とともにブライアン・エプスタインに別室へ仕事の話で呼ばれたため、食べそこなったそうだ。

## スキャフォルド
*The Scaffold* 🧑

　62年にポールの実弟マイケル・マッカートニーと、ロジャー・マッゴー、ジョン・ゴーマンの3人で結成されたトリオ。64年にプロとして活動を始め、66年にパーロフォンと5年契約を結び、ジョージ・マーティンのプロデュースにより「2デイズ・マンデイ」でレコード・デビュー。77年の解散までに4枚のアルバムを残した。「チャリティ・バブルズ」と「恋のリヴァプール」の2枚のシングル収録曲でポールはプロデュースなどで全面協力している。

## スクランブルド・エッグ
*Scrambled Egg* 🎵

　日本で言う「炒り卵」がなぜここに出てくるのかというと、「イエスタデイ」の仮のタイトルがそう呼ばれていたから。メロディは先にできたが歌詞はまだない。そこでポールは、冒頭の歌詞を"Scrambled egg..."と歌い出し、しばらくの間、それが仮の曲名となった。

## 寿司

　ジョンの好物。それを裏付けるようなエピソードがある。『ダブル・ファンタジー』セッションの模様を中心にまとめたドキュメンタリー映画『ジョン・レノン、ニューヨーク』の冒頭はいきなりジョンのこんな依頼から始まる──「刺身が食べたい。45番通りの吉兆だ」。アルバムの共同プロデュースを手掛けたスタン・ヴィンセントらも、「ジョンは毎日、巨大な寿司盛りを2皿頼んだ。2週間連続で。バンド・メンバーも最初は一緒に食べていたけど、何日か経つと、寿司を食べているのはジョンとヨーコだけになった」と振り返っている。

## スター・クラブ
*The Star-Club* 🏠

　ハンブルクと言えばこのライヴ・ハウス、である。ビートルズがデビュー前後の62年4月13日から5月31日（48公演）、11月1日から11月14日（14公演）、12月18日から12月31日（13公演）にライヴを行なった、まさに彼らを育てた場所。62年12月にオープンリール・テープレコーダーで録られた音源がのちにハーフ・オフィシャル（＝ハーフ・ブートレグ）盤『デビュー! ビートルズ・ライヴ'62』として77年に発売された。『アンソロジー』シリーズの映像版にも音源の一部が使われている。

## スターティング・オーヴァー
*(Just Like) Starting Over* 🎵

　「50年代風の歌を80年代のアプローチで作った曲」とジョンが言う、アルバム『ダブル・ファンタジー』からの先行シングル。80年10月24日に発売され、当初は最高6位止まりだったが、ジョンの死後に英米ともに1位を記録した。

## スタートリング・ミュージック
*Startling Music*

　リンゴが自分の名前に引っかけて作った楽曲権利管理会社。ただしビートルズ時代の自作曲は「ドント・パス・ミー・バイ」と「オクトパス・ガーデン」の2曲しかなく、それ以外は共作で名前がクレジットされている曲のみだった。ソロ以降のオリジナル曲も、いまだに管理下にある。

## スチュアート・サトクリフ
Stuart Sutcliffe 人

　ビートルズの重要なオリジナル・メンバーの1人。1940年6月23日、エディンバラ生まれ。父の影響から絵の勉強を始め、リヴァプール・カレッジ・オブ・アートに入学し、ジョンと出会う。ジョンに誘われてベーシストとして加入するが、ハンブルク・ツアー中にアストリット・キルヒヘルと出会ったこともきっかけとなり、画家を志すためにビートルズを脱退。ハンブルクの芸術大学に進学し、アストリットと婚約するが、62年4月10日に脳溢血により、21歳の若さでこの世を去った。ポールが嫉妬したと言われるほど、ジョンは（音楽以外の）彼の才能に惚れ込んだ。

ベース以外はスゴいんです。

## スティーヴィー・ワンダー
Stevie Wonder 人

　1950年5月13日、ミシガン州生まれのマルチ・プレイヤー。11歳でモータウンと契約し、13歳の時に「フィンガーティップス」が全米1位となり、史上最年少記録を作る。ビートルズとの繋がりでは、72年8月30日にマディソン・スクエア・ガーデンで行なわれたジョンとヨーコの「ワン・トゥ・ワン・コンサート」に出演したほか、ジョンとポールが久しぶりに顔を合わせた時のジャム・セッションでの共演や、ポールの「エボニー・アンド・アイボリー」「オンリー・アワ・ハーツ」への参加などがある。

## ステラ・マッカートニー
Stella McCartney 人

　ポールの次女。というよりも、ファッション・デザイナーとして著名。1971年9月13日、ロンドン生まれ。リンダにとっては3人目の娘。

パパ似かしら？

## ステレオ！これがビートルズ Vol.1
Please Please Me アル

　ビートルズの来日記念として東芝音楽工業が企画した編集盤。ただし、収録された14曲は、曲順やジャケットは異なるもののイギリスのデビュー・アルバム『プリーズ・プリーズ・ミー』と内容は同じである。ビートルズの来日記念として東芝音楽工業が企画した編集盤。

## ステレオ！これがビートルズ Vol.2
With The Beatles アル

　ステレオ音源を売りにした来日記念盤の続編。こちらはイギリスのセカンド・アルバム『ウィズ・ザ・ビートルズ』のジャケットと曲順を入れ替えたものである。

### ストーンヘンジ
*Stonehenge* 場

　テレビ映画『マジカル・ミステリー・ツアー』用に「アイ・アム・ザ・ウォルラス」の演奏シーンを撮影した場所。

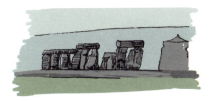

### ストロベリー・フィールズ・フォーエバー
*Strawberry Fields Forever* 曲

　66年8月のライヴ活動中止後に発売された最初のシングル。ジョンが自宅（ミミおば宅）の近くにある孤児院を曲名に盛り込んで作ったサイケデリックな傑作である。67年2月17日に発売され、英2位・米8位を記録した。

### ストロベリー・フィールド
*Strawberry Field* 場

　「ストロベリー・フィールズ・フォーエバー」の項目で触れたとおり、リヴァプールの、ジョンの自宅（ミミおば宅）の近くにあった孤児院。施設は2005年に閉鎖。

### スパイズ・ライク・アス
*Spies Like Us* 映

　アメリカのスパイ・コメディ映画（85年公開）で、主題歌はポールが手掛けた。ジョン亡き後の80年代前半はMTV全盛で、ビートルズのメンバーは特に83年から86年は3人とも不遇時代を過ごしていた。その時に映画主題歌を頼まれたポールにファンは大きな期待を寄せたが、曲を聴いたら……。PVのエンディングでポールが主演の2人と『アビイ・ロード』のジャケットのパロディを演じたのが唯一の救いだった。

### スプリンター
*Sprinter* 人

　ジョージのダーク・ホース・レーベルからデビューしたビル・エリオットとボビー・パーヴィスによるフォーク・デュオ。ジョージが全面的にバックアップしたデビュー・アルバム『プレイス・アイ・ラヴ』のほか、AOR寄りの佳作3枚を残した。日本では、中村雅俊の日本語カヴァー・シングル「ロンリー・マン」のほうが有名かもしれない。

### 隅田川
　71年1月24日、ヨーコとともにお忍びで来日したジョンが、古美術店「羽黒洞」に足を運んだあと、店主の木村東介氏の案内により歌舞伎座で観た6代目中村歌右衛門による演目。ジョンは日本語がわからないのに、男女のやりとりを、涙を流しながら観ていたという。

### 相撲
　2013年11月に11年ぶりに日本にやって来たポールは、「今でしょ!」とばかりに福岡国際センターに妻のナンシーとともに足を運んだ。大相撲九州場所5日目観戦のためだ。12日目からは新作『NEW』の懸賞幕が土俵上を一周するなど、話題は豊富だった。もともと相撲好きのリンダに引っ張られる形だったが、幻の日本公演の際にもポールは「ぜひ観たい」と、空港で捕まる直前に上機嫌で話していた。

### スモーキー・ロビンソン
*Smokey Robinson* (人)

　1940年2月19日、デトロイト生まれ。ミラクルズのリーダー。モータウンの設立に関わり、副社長を務めた。「ユー・リアリー・ゴッタ・ホールド・オン・ミー」はビートルズが翌63年にカヴァー。特にジョンとジョージが入れ込んだ。「ジス・ボーイ」と「オール・アイヴ・ゴット・トゥ・ドゥ」は、ジョンがスモーキー風に歌おうとした曲である。

"ストップ・アラウンド"もジョンは気に入っていたようだね!

### スライド・ギター
*Slide Guitar*

　ビートルズの中期以降はマルチ・プレイヤーのポールの影に隠れ、リード・ギターですらポールやエリック・クラプトンに譲ってしまうなど、およそリード・ギタリストらしからぬポジションにいたジョージ。だが、ジョンがスティール・ギターを弾いた自作の「フォー・ユー・ブルー」がヒントになったのだろうか。それとも「ドライヴ・マイ・カー」あたりからいずれはモノにしようと思っていたのだろうか。ソロ以降、クラプトンも腕前を褒め称える一流のスライド・ギター奏者となった。「マイ・スウィート・ロード」「ギヴ・ミー・ラヴ」「チアー・ダウン」をはじめ、名演は数多い。

### スリー・フィンガー
　アコースティック・ギターの奏法のひとつ。マハリシ・マヘシ・ヨギの超越瞑想の修行のため68年にインドに滞在していた時に、ジョンとポールはドノヴァンから奏法を教わり、ジョンは「ジュリア」や「ルック・アット・ミー」など、その奏法をすぐに取り入れて曲を書き上げた。

### セイウチ

「アイ・アム・ザ・ウォルラス」で自分のことだと歌ったジョンが、「グラス・オニオン」ではポールのことだと歌った動物。英語表記はもちろん"Walrus"である。"セイウチ"は「カム・トゥゲザー」や、解散後の「ゴッド」「スターティング・オーヴァー」のオリジナル歌詞にも登場するなど、ジョンが曲を書く時に頻繁に登場するジョンの代名詞となった。

### セイ・セイ・セイ
Say Say Say 曲

ポールがマイケル・ジャクソンと組んだ共演シングル。『パイプス・オブ・ピース』から83年10月3日に先行発売され、英2位・米1位を記録した。

### セサミ・ストリート
Sesame Street 番

69年に放送が開始されたアメリカの人気テレビ教育番組。ビートルズとどんな繋がりがあるのかというと、『ジョンの魂』に収録された「しっかりジョン（Hold On）」の間奏でジョンが一言"Cookie !"と、クッキー・モンスターを真似て太い声でつぶやく場面が聴けるのだ。「のだ」と言われても……と思われるかもしれないが、テレビ好きのジョンは、放送開始時から『セサミ・ストリート』を毎回つけっぱなしにして観ていたに違いない。『ミルク・アンド・ハニー』収録の「アイム・ステッピング・アウト」の冒頭でも

ジョンは「『セサミ・ストリート』をいやになるほど観ていた」と早口でまくしたてている。

### セッションズ
Sessions アル

未発表のスタジオ＆ライヴ音源を集めた『アンソロジー』シリーズが出るまでに、何度も発売が噂され、ジャケットまで作られたもののお蔵入りとなったビートルズの未発表アルバムのこと。85年に発売寸前までいったが、海賊盤に先を越された。

### セット・オン・ユー
Got My Mind Set On You 曲

ジョージのアルバム『クラウド・ナイン』からの先行シングル。ジェイムズ・レイの62年の曲を引っ張り出してきたもので、ドラムのリズム・パターンをジョージが気に入り、カヴァーすることにしたそうだ。シングル・カットしたのは、当時9歳の息子ダニーが気に入ったからだという。

### SELTAEB
セルターブ

ビートルズのいわゆるオフィシャル・グッズを管理するために、63年にニューヨークで設立された会社。ブライアン・エプスタインは、アメリカでのビートルズ人気を見越して非公認の"バッタもの"ではなく、正規のものを扱う道筋をきっちり作っておきたかったのだろう。2017年のポールの日本公演でも、公演終了後に武道館を後にしようとしたら、数時間前のポールのステージでの生写真が早くも売られていたのだから、「合法」対「非合法」の争いは、いまだに続く「永遠のいたちごっこ」である。

### 007死ぬのは奴らだ
Live And Let Die 曲

「007シリーズ」8作目の同名映画の主題歌。映画会社から2分15秒くらいのテーマ曲を依頼されたポールは、ウイングスでやれるなら引き受けると返答。ポールが書いた3曲の中から映画プロデューサーが選んだのがこの曲だった。

### 1005号室

66年の来日時、ビートルズが日本武道館以外に最も多くの時間を過ごした東京ヒルトン・ホテルの最上階の部屋。50〜60坪ある「プレジデンシャル・スイート」である。部屋の左右の隅にツイン・ルームがあり、その寝室で2人ずつ寝たという。2006年11月30日にキャピトル東急（東京ヒルトン・ホテルを改称）が閉館・建て替えとなる前に、来日40周年記念として「1005号室」が特別に公開された。

### 前座

コンサートの主役が登場する前に、会場の雰囲気を盛り上げるために登場するミュージシャン。ビートルズの7月1日の前座と演奏曲は次のとおり。❶ウェルカム・ビートルズ（ブルー・コメッツ＆ブルージーンズ、尾藤イサオ、内田裕也）❷のっぽのサリー（ザ・ドリフターズ）❸ダイナマイト（尾藤イサオ）❹朝日のない街（内田裕也）❺恋にしびれて（望月浩）❻キャラバン（ブルー・コメッツ）

### セント・ピーターズ教会
場

1957年にジョンとポールが出会った場所として知られるリヴァプールにある教会（詳細はP.174のコラムを参照）。

### 空に書く
Skywriting By Word Of Mouth 本

86年に発売されたジョンの3冊目の著作集の日本語版。ビートルズの解散やヨーコとの出会いなど、75年から80年の主夫時代に書かれたもの。

### それはポールの曲だ
発

ジョンの生涯を描いたドキュメンタリー映画『イマジン』でのジョンのセリフ。ちょっと気のふれたビートルズ・ファンがジョンのアスコットの豪邸に入り込み、いろいろ質問攻めにする。『「キャリー・ザット・ウェイト」という曲で"重荷を背負っていけ"という歌詞が出てくるが、どういう意味なのか』との問いかけに対してのジョンの一言である。

## ダーティ・マック
The Dirty Mac 人

　ローリング・ストーンズの映画『ロックン・ロール・サーカス』にジョンがヨーコ、エリック・クラプトン、キース・リチャーズ、ミッチ・ミッチェルと出演して「ヤー・ブルース」と「ホール・ロッタ・ヨーコ」を演奏した際のスーパー・バンドの名前。"The Dirty Mac"の"Mac"とは"McCartney"すなわちポールのことだ。また、『アビイ・ロード』に収録された「サン・キング」はフリートウッド・マックの「アルバトロス」のビートルズ版だということを思うと、"Mac"には、当時ブルース・バンドだった"Fleetwood Mac"と"McCartney"を おちょくろうとしたジョンお得意のダブル・ミーニングも含まれていたのだろう。対して80年の「カミング・アップ」のPV制作の際に、ドラムのロゴに"THE PLASTIC MACS"と入れたのはポールである。

## 大麻
たいま

　大麻と言えばポールである。と書いてしまっていいかどうかはわからないけれど、少なくともビートルズマニアの半分以上は、大麻と聞いてまずあの事件を思い浮かべるはずだ。悪夢は80年1月16日に起きた。14時58分、66年の日本公演以来、久しぶりに日本の地を踏んだポールは、17時15分、合計219グラム（当時の末端価格で70万円相当）の大麻不法所持により、現行犯逮捕されてしまう。翌17日に留置場に直行。1週間以上もその"ダークルーム"で過ごし、25日に日本を後にした。東京・名古屋・大阪で計11回開催される予定だったウイングスの日本公演はこうして幻に終わった。

## タイム・テイクス・タイム
Time Takes Time アル

　ジェフ・リンとブライアン・ウィルソンや、ビートルズ・フォロワーのナックやジェリーフィッシュ、ポウジーズのメンバーなどが参加したリンゴのソロ・アルバム。90年代のリンゴのベスト・アルバムはこれだ。

## 高嶋弘之
たかしまひろゆき 人

　東芝音楽工業のビートルズの初代ディレクター。「抱きしめたい」や「ノルウェーの森」の邦題を付けた担当者としてビートルズマニアにはあまりにも有名である。ビートルズヘアを社員にさせたり、ビートルズスーツを着て街を歩かせたり、リクエスト番組でビートルズを増やすように手を回したり……と、今のような頭でっかちではないユルイ昭和の時代を象徴するエピソードが多い。64年から66年にかけて日本にビートルズ人気を根付かせた最大の功労者である。娘はヴァイオリニストの高嶋ちさ子。

## 抱きしめたい
だきしめたい
I Want To Hold Your Hand 曲

　アメリカでの人気を決定づけた5枚目の

オリジナル・シングル曲。ジェーン・アッシャーの自宅の地下室で「ポールと睨み合わんばかりに鼻をくっつけ合って作った」とジョンが言う共作曲である。63年11月29日に発売され、英米1位を記録した。「手を握りたい」という原題に「抱きしめたい」という邦題を付けた高嶋弘之氏の言語感覚が何より素晴らしい。「ビートルズで一番好きな曲は？」と、この世で最も難しい質問（？）をされることがたまにあるが、その時に「初期ではこれ」と言って挙げることが多い。

## 竹中労
（人）

　1928年3月30日、東京生まれのルポ・ライター、評論家。"反骨のルポ・ライター"の異名をとり、数々の作品を生み出す。66年の日本公演の内幕を鋭くえぐったルポルタージュ『ビートルズ・レポート』（「話の特集」臨時増刊66年8月25日号）の「責任編集者」としてビートルズマニアには名高い。91年5月19日死去。

## タコくんのおにわ
Octopus's Garden （本）

　リンゴが書いた絵本（2015年発売）。原題はリンゴの自作曲「Octopus's Garden」である。ベン・コートの挿絵も含め、大人も楽しめる内容となっている。日本語訳はピーター・バラカン。ビートルズマニアにはうれしいことに、リンゴによる「オクトパス・ガーデン」の再演ヴァージョン（カラオケも）と、朗読を収録したCDが付いている。

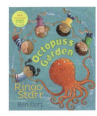

## ダコタ・ハウス
Dakota Apartments （場）

　ニューヨークのセントラルパーク沿い（72丁目）にある高級集合住宅。73年にヨーコと移り住んだジョンは、"主夫時代"の75年から80年にかけてこの自宅で曲作りも頻繁に行なっていた。計5戸を所有しているほか、倉庫にはジョン・レノン・ミュージアムで展示された思い出の品が置かれているという。ちなみに歌手のロバータ・フラックは隣室に住んでいるそうだ。

## タッグ・オブ・ウォー
Tug Of War （アル）

　ジョンの死の前後にポールが久しぶりにジョージ・マーティンと組んで制作を続けていたソロ・アルバム（82年発売）。スティーヴィー・ワンダーとのデュエット曲「エボニー・アンド・アイボリー」が全米1位の大ヒットとなったほか、ジョンへの追悼曲「ヒア・トゥデイ」も収録されている。ジョンが亡くなっていなかったら2人の共作の可能性もあったようだ。

### 脱退宣言（ジョン）

ヨーコとすでにプラスティック・オノ・バンドを始動させていたジョンは、メンバーとアラン・クラインが一堂に会したキャピトルとの再契約についての打ち合わせの場で、こう言い放った——「もうグループは終わりってことだ。俺は抜けるよ」と。69年9月20日の出来事だった。ただし、ビートルズの契約を有利に進めるため、というクラインの助言を受け入れ、ジョンの脱退は半年ほど公にはならなかった。

### 脱退宣言（ポール）

ジョンの脱退宣言から半年後の70年4月10日、ポールは初のソロ・アルバム『マッカートニー』のプレス用の見本盤に、自らまとめた質疑応答形式の資料を付けた。そこにはこう書かれていた——「ビートルズの活動休止の原因は、個人的、ビジネス上、および音楽的な意見の相違によるもの」「〈レノン＝マッカートニーの〉共作活動が復活することはない」と。こうしてポール脱退のニュースが世界中をかけめぐり、ビートルズ解散は公になった。先にポールの脱退が公表されたことについてジョンは、自分のソロ・アルバムの宣伝に利用したとポールのやり口を激しく攻撃した。

### ダニー・ハリスン
Dhani Harrison 人

ジョージとオリヴィアの息子。1978年8月1日、イギリス・ウィンザー生まれのミュージシャン。「ビートルズの息子」の中では最も父親に似ていると言われているが、それを本人も意識しているのか、父親そっくりの出で立ちでファッション誌の広告に出たこともある。自身のバンドthenewno2は、父親同様、一筋縄ではいかないサウンド作りでマニアに人気がある。ちなみに「カタカナ表記」名は「ダニー」と「ダーニ」の2種類あるが、「ダ

ダニーです

本当に良く似ているでしょ？

ニー」が正しい。母がそう言うのだから間違いない（オリヴィアに取材する機会があり、通訳の丸山京子さんに確認していただいた）。

### ダブル・ファンタジー
Double Fantasy アル

わずか3週間（日本は4日間）で新作から遺作へと変わってしまったジョンとヨーコの共作・共演アルバム。先行シングル「スターティング・オーヴァー」でジョンの復活の兆しを感じたファンの多くは、ジョンとヨーコの曲が交互に出てくるアルバムの構成に（どん）引き気味だった。ヨーコの「キス・キス・キス」があまりに衝撃的だったからだが、ジョンの曲だけ取り出して聴いていたファンは推定5割ぐらいだっただろうか。

### 玉ノ井親方 人

元大関栃東。なぜ本書に出てくるのかというと、ビートルズ好きというわけではなく、2013年の大相撲九州場所5日目を観戦したポールの横で「解説」をしていたからである。ポールとどんな会話を交わしたのか、機会があれば、ぜひ話を伺いたいものだ。

## 黙れ！
【発】

デビュー前、ハンブルクの荒くれ男たちに"マック・シャウ（派手にやれ）"とまくしたてられるステージを何度となく体験してきたビートルズは、そのおかげで腕を上げていった。最後のハンブルク行きとなったステージで、よりによってジョンの嫌いな「蜜の味」をポールが歌っている最中に、おしゃべりを続ける観客に向けてジョンが放ったのがこの一言である。このライヴを収めたブートレグで"Shut up, talkin!"というジョンの声がはっきり聴きとれる。

## 太郎と花子

「オブ・ラ・ディ、オブ・ラ・ダ」に登場するデズモンドとモリーの日本名。60年代はビートルズの日本語によるカヴァーが多く、『ミュージック・ライフ』の草野昌一社長は、漣 健児という別名で日本語訳詞を数多く手掛けていた。曲の登場人物を大胆にもこう置き換えたが、あまりウケはよくなかったらしい。

## チープ・トリック
Cheap Trick 【人】

74年にシカゴ郊外のロックフォード市で結成されたロック・バンド。海外よりも先に日本での人気が高まり、78年に日本公演を行ない、その後、世界的な人気を得た。『ダブル・ファンタジー』のセッションにリック・ニールセンとバン・E・カル

ロスが呼ばれ、「アイム・ルージング・ユー」の"ハード・ロック・ヴァージョン"を録音したが、ヨーコは気に入らずボツに。その演奏は『ジョン・レノン・アンソロジー』に収録されてようやく陽の目をみた。個人的にはどちらも好き。

## 地球を守ろう
【発】

89年のソロでの初来日公演時にポールがステージから呼びかけた一言。環境保護団体「フレンズ・オブ・ジ・アース」の主旨に賛同したポールは、アメリカ公演では専用のパンフレットを無料で配布するなど、活動を支援。公演前に東京ドーム近くの真砂小学校（現・本郷小学校）で「ポールの木」を植えにきた際にも、小学生に同じ言葉を呼びかけた。2015年には、「フレンズ・オブ・ジ・アース」を支援するチャリティ・シングル「ラヴ・ソング・トゥ・ジ・アース」にも参加した。

## チズウィック・ハウス
Chiswick House 【場】

第3代バーリントン伯爵リチャード・ボイルの設計で1729年に建設された、ロンドン西部の建物。「ペイパーバック・ライター」と「レイン」のPVが撮影された場所としてファンに知られている。彫刻広場にあるヒマラヤ杉の枝に座る4人を、同行したカメラマン、ロバート・ウィテカーが撮影した写真が、イギリス盤EP『ひとりぼっちのあいつ』のジャケットに使われた。

### 千鳥足

千鳥足と聞いてまず思い浮かべるのが、リンゴの来日である。76年10月17日、ポリドール移籍第1弾アルバム『リンゴズ・ロートグラヴィア』の宣伝と、レナウンの「シンプル・ライフ」のCM撮影を兼ねての来日。羽田空港到着時にタラップを降りる時からリンゴはしこたま酒を飲んでいたようだが、翌18日の記者会見の合間にも日本酒を大量に飲んでいたという。すでに80年代半ばに苦しむアル中の予備軍だった。

### 血の日曜日事件

72年1月30日に北アイルランドのロンドンデリーで、デモ行進中の27人の市民がイギリス陸軍落下傘連隊に銃撃され、うち14名が死亡した事件。ジョンとヨーコはすぐさまその事件を「血まみれの日曜日 (Sunday Bloody Sunday)」という曲として書き上げ、『サムタイム・イン・ニューヨーク・シティ』に収録した。ポールも珍しくすぐに反応し、「アイルランドに平和を (Give Ireland Back To The Irish)」を72年2月25日に録音し、ウイングスのデビュー・シングルとして発表した。

### チャールズ・マンソン
Charles Manson 人

『ザ・ビートルズ』に収録された「ヘルター・スケルター」や「ピッギーズ」を妄想的にとらえ、女優シャロン・テートらを殺害する事件を起こしたアメリカのカルト指導者。

ダックウォーク命　ロックンロール命

### チャック・ベリー
Chuck Berry 人

1926年10月18日、ミズーリ州生まれ。エルヴィス・プレスリーと並びビートルズに大きな影響を与えたロックンロールの創始者。55年にチェス・レコードと契約し、「メイベリン」(米5位)でデビュー。ビートルズは「213曲」に限ると、「ロール・オーバー・ベートーヴェン」「ロック・アンド・ロール・ミュージック」だけしかカヴァーしていないが、BBCラジオ出演時の演奏やソロ以降も含めると、「スウィート・リトル・シックスティーン」「ジョニー・B・グッド」ほか10曲以上もカヴァーしている。72年2月にジョンが『マイク・ダグラス・ショー』で共演した時にジョンに「マイ・ヒーロー」と紹介された。2017年3月18日死去。

## 中部日本放送

ビートルズの日本公演の招聘元のひとつとなった名古屋のテレビ関連会社。永島達司氏からの要請で日本公演実現に奔走、浅井愼平氏を"オフィシャルカメラマン"として抜擢し、浅井氏撮影による独自の公演プログラムも制作した。公演には日本テレビが関わっていたが、中部日本放送はTBS系列だったため、名古屋ではテレビ放映は7月1日の夜9時からではなく、7月3日の夕方4時半からとかなり遅れた。

## ちょうどいい

ジョンの息子はホンダのCMに縁があるようだ。ジュリアンの「シティ」に続き、ショーンが「フリード」のCMに起用された。2008年から2013年にかけていくつかのヴァージョンが放映され、ショーンがCM用に書き下ろした「フリー」も使われた。主夫時代のジョンによく似たショーンが画面に向かって明るく言うのが、この一言である。発音は「ちよどいい」がちょうどいい。

## チョコレート

チョコレート好きだったのはビートルズのメンバーではなく、エリック・クラプトン。ジョージの家に遊びに行った時に、部屋にあった"Good News"を食べようとするクラプトンに対して「虫歯がさらにひどくなるぞ」とジョージが忠告。そしてジョージが、その箱に書いてあった言葉を羅列して書いたのが「サボイ・トラッフル」だった。

\ クラプトン、歯みがきなよ /

## 沈黙の5年間

主夫時代のジョンを称する言い回しのひとつ。ジョンはショーンの子育てだけでなく、77年から79年までの3年間、毎年日本にも家族で足を運び、軽井沢で避暑を楽しんだ。日本滞在時にはコラージュや墨絵・イラストなどを趣味的に手掛け、日本語ノートを作り、サイクリング、水泳、ヨガを楽しむ生活を送っていたという。「ショーンが5歳ぐらいになるまで音楽活動をしないだろう」とか「ギターは5年間、壁にかかったままだった」などとジョンは語っていたが、98年に出た『ジョン・レノン・アンソロジー』を聴けば、「沈黙の5年間」じゃなかったことが即座にわかる。

## ツイスト・アンド・シャウト
Twist And Shout 🎵

ビートルズのオリジナル曲と最も間違えられることの多い1曲、かもしれない。オリジナルはトップ・ノーツ(61年発売/プロデュースはフィル・スペクター)だが、一般的にはアイズレー・ブラザーズが62年5月に発表したヴァージョンがオリジナルだと、これまた勘違いされることが多い(私も勘違いしていました)。1日でレコーディングされた『プリーズ・プリーズ・ミー』の最後の最後に録られた曲で、喉が潰れて声がほとんど出なくなっていたジョンの痛切な叫びが特にエンディングの一声に凝縮されている。ビートルズがカヴァーした曲ではこれが間違いなくベストだろう。

## ア・デイ・イン・ザ・ライフ
*A Day In The Life* 曲

　ライヴ仕立てのコンセプト・アルバム『サージェント・ペパーズ』のエンディング曲。70年代に日本でビートルズの好きな曲のアンケートをやると、「イエスタデイ」や「レット・イット・ビー」などのポールの曲がたいてい上位にきていたが、イギリスではこの曲がベスト3に入っていて驚いたのを覚えている。現在では普通に代表曲として挙げられることが多い。ポールが指揮する40人編成のオーケストラがスコアを無視して思い思いに奏でる不協和音が徐々に高まり、その後に延々と続くピアノの残響音──息を呑むほどスリリングな展開。この曲があるからこそ『サージェント・ペパーズ』はロックの名盤だといまだに言われ続けているのだと思う。

## ディック・ジェイムス
*Dick James* 人

　1920年12月12日、ロンドン生まれ。ディック・ジェイムス・ミュージック（DJM）を設立し、63年1月にビートルズと出版契約を結ぶ。さらにビートルズのメンバーとブライアン・エプスタインとともにノーザン・ソングスを設立。株式はジョンとポールが各20％、ブライアンが10％、残りの50％を彼とチャールズ・シルヴァーが保有するという"無茶苦茶"な契約内容だった。こうしてビートルズのほとんどのオリジナル曲の版権を所有していたが、69年3月下旬に、メンバーには無断でイギリスの放送局ATVに売却した。86年2月1日死去。「ノー・リプライ」を書いたジョンに対して「きちんとまとまっている最初の曲だ」と賛辞を贈った人物としてマニアには有名である。

## ティッテンハースト・パーク
*Tittenhurst Park* 場

　ロンドン西部のバークシャー州にジョンが69年5月4日に購入した邸宅。ジョンはヨーコと8月11日に住み始め、8月22日にはビートルズ最後のフォト・セッションも行なわれた。2人は73年5月まで住んでいたが、9月10日にリンゴに売却した（リンゴは88年にアブダビの首長に売却）。

## デイ・トリッパー
*Day Tripper* 曲

　一度聴いたら忘れないようなギター・リフの印象的な曲がビートルズには多いが、これはその代表的な1曲。英1位・米5位を記録。アメリカで5位に終わったのは、「恋を抱きしめよう」がA面扱いとなったためで、イギリスではこっちがA面扱いだった。歌詞は「日帰りの旅行者」と「昼間にトリップするヤツら」（ジョン）との掛けことば。

## ディン・ドン、ディン・ドン
*Ding Dong, Ding Dong* 曲

　ジョージのアルバム『ダーク・ホース』からのシングル（イギリスでは先行シングル）。74年12月6日に発売され、英38位・米36位を記録。歌詞のメッセージを映像化したPV──過去（ビートルズ時代）を笑い飛ばし、未来（今後のソロ活動）に目を向けた内容は、観れば観るほど面白い。

## ビートルズが聴ける店 ❶
# RUBBER SOUL

### 実力派バンドの演奏が聴ける！

　横浜の鶴見にある、創業27年の老舗ビートルズ／英国ロック系ライヴ・パブ。ビートルズを得意とするビートルースをはじめ、実力のあるバンドがランダムに出演しています。誰でも自由に参加できるビートルズ・セッション会や、ビートルズにまつわるさまざまな話が聞けるビートルズ研究会なども開催。店主のパウロ鈴木さんのベースの演奏をぜひ、聴いてください！

\ 店主お薦めアルバム /

もちろん、ラバー・ソウル！少し不安定な雰囲気と音バランス。聴けば、聴くほど心地よいです♪

**DATA**
横浜市鶴見区鶴見中央1-14-2　第一戸田ビル2F
045-505-9617
http://www.beatle-japan.com/livehouse/

---

## ビートルズが聴ける店 ❷
# LANTERN

### ビートルズ好きでにぎわう！

　渋谷区神泉にある味わいあるライヴ・ハウス。毎週水曜日は、ビートルズ好きが集まってのセッション会。さらに、「ビートルズコレクション」というイベントを3ヵ月に1度ほど（不定期）開催し、多くのコピー・バンドが参加し、盛り上がりを見せています！　毎月最終金曜日は、ハウスバンド、イマジンボイスのライヴもあります。壁に飾られたレアな写真は一見の価値あり！

\ 店主お薦めアルバム /

アビイ・ロード！アナログのB面のカヴァーをハウスバンドで試みることも！聴いてみてください！

**DATA**
渋谷区円山町18-2　藤田ハイツB1F
03-3476-0438
https://sites.google.com/site/lanternweb/home

## デヴィッド・ピール
David Peel 〈人〉

　FBIにジョン・レノンと間違えられたニューヨークのストリート・ミュージシャン。1942年8月3日、ニューヨーク生まれ。71年にアメリカに移住したジョンとヨーコと知り合い、意気投合。2人のプロデュースで『ローマ法王とマリファナ (The Pope Smokes Dope)』を発表するも、「ローマ法王は大麻を吸う」という過激なタイトルから日本盤は3ヵ月後に発売禁止となった。2003年に日本公演とイベントが実現。間近で接した印象は、あまりに無邪気なヒッピーだった。2017年4月6日死去。

## デヴィッド・ボウイ
David Bowie 〈人〉

　1947年1月8日、ロンドン生まれ。「失われた週末」を過ごしていたジョンと「フェイム」を共作したほか、「アクロス・ザ・ユニバース」でも共演した。85年の『ライヴ・エイド』では、トリを務めたポールが「レット・イット・ビー」を歌う後半にボブ・ゲルドフ、ピート・タウンゼント、アリソン・モイエとともにステージに登場し、コーラスで参加した。2016年1月10日死去。

## テープの逆回転(ぎゃくかいてん)

　録音技法のひとつ。「レイン」のエンディングのジョンのヴォーカルが有名。他に「ポール死亡説」の根拠とされた"逆回転ネタ"として「レボリューション9」の"ナンバー・ナイン"の声を逆にすると"オレを目覚めさせてくれ、死者よ (Turn me on, dead man)"と聞こえるという空耳系のエピソードがある。もうひとつ、これはビートルズ仲間の加藤正人氏に聞いたことだが、ジョージ版「アイ・アム・ザ・ウォルラス」とも言える「FAB」のエンディングで聞こえる意味不明の女性の声を逆にすると「ポールは死んでいません。死んだのはビートルズです」というメッセージになるのだという。

## テープ持(も)ち逃(に)げ

　ジョンのソロ・アルバム『ロックン・ロール』制作時のエピソード。「天才と狂気は紙一重」と言うけれど、ジョンとフィル・スペクターはその言葉が最も似つかわしい2人である。その2人が組んだ73年のレコーディングは、正気の沙汰じゃない惨憺たる結果となった。酔いつぶれながら歌うジョンと、スタジオの天井に拳銃をぶっ放すフィル。そして12月にフィルは、セッション・テープを持ったまま行方をくらましてしまうのだ。ジョンの手元にテープが戻ったのは、半年後の74年6月14日。ジョンは次の『心の壁、愛の橋』の制作を優先し、完成後の10月に『ロックン・ロール』を自らのプロデュースでようやく完成させたのだった。

## テーラー山形屋(やまがたや)

　日本公演でホテルに缶詰め状態だったビートルズが、部屋に呼んだ仕立て屋。ポールが最も気に入ったようで、日本を去る時に空港で着たほか、アルバム『サージェント・ペパーズ』の宣伝用の写真撮影時にも着用している。

### デゾ・ホフマン
*Dezo Hoffmann* 〈人〉

1918年、チェコスロバキア生まれ。報道カメラマンとして活躍後、チャールズ・チャップリンやマリリン・モンローら大物スターを撮影。62年にビートルズと出会い、オフィシャル・カメラマンとして、「ラヴ・ミー・ドゥ」のセッションに立ち会ったほか、60年代前半に多数の写真と映像に関わった。86年3月29日死去。

### デッカ・オーディション

62年1月1日に行なわれた大手デッカ・レコードのオーディション。リンゴは加入前で、ドラムは前任のピート・ベストが担当した。マーク・ルイソンの『ザ・ビートルズ史』で、このオーディションが実際にはテスト・レコーディングを兼ねたものだったことが判明しているが、いずれにしても結果は不合格。『アンソロジー』などでこの時の演奏が聴けるが、ジョンもポールも緊張していて出来はいまひとつ。ジョージが最も溌剌としている。

### デニー・レイン
*Denny Laine* 〈人〉

1944年10月29日、バーミンガム生まれ。60年代はムーディー・ブルースのメンバーとして「ゴー・ナウ」などがヒット。71年にポールに誘われ、ウイングスの初代メンバーとなり、以後、82年の解散までポールと行動をともにした。当時、イギリスでの売上記録を作った「夢の旅人」ほか、ポールとの共作も数多い。

### 手旗信号

アルバム『ヘルプ!』のジャケット写真の4人のポーズのこと。当然"H-E-L-P"と4人が表現していると思いきや、手旗信号に詳しい人によると、"H-E-L-P"じゃなくて"N-U-J-V"だそう。意味不明、である。

### 手拍子

ビートルズ・サウンドの特徴のひとつ。64年のアメリカ上陸記念シングルとなった「抱きしめたい」の手拍子がいかに効果的だったか。ほかにも「アイ・ソー・ハー・スタンディング・ゼア」「プリーズ・ミスター・ポストマン」や中期の「君はいずこへ」、後期の「オブ・ラ・ディ、オブ・ラ・ダ」など効果的に使われている曲がいくつか思い浮かぶ。むしろ「ロール・オーバー・ベートーヴェン」の間奏のズレ具合や「ワーズ・オブ・ラヴ」で1回余計に入る手拍子に耳が奪われてしまうのだが。

### デル・シャノン
*Del Shannon* 〈人〉

1934年12月30日、ミシガン州生まれ。61年、デビュー・シングル「悲しき街角」が全米1位を記録。63年4月にビートルズと共演。88年、ロイ・オービソンの死去後にトラヴェリング・ウィルベリーズへの参加が噂されたが、90年2月8日に自宅で猟銃自殺を遂げた。

## デレク・テイラー
*Derek Taylor* 人

　1932年5月7日、リヴァプール生まれのジャーナリスト。64年にビートルズの広報担当に就任。65年にブライアン・エプスタインと袂を分かち、アメリカに渡る。68年アップル設立時に重役として迎えられ、広報部門を仕切る。エプスタインやジョージの自伝を代筆したのもデレクである。97年9月8日死去。

## 電子音楽

　ジョージがビートルズに導入した楽器。具体的に言えば、モーグ・シンセサイザーである。電子楽器に将来性を感じたジョージは、68年から69年にかけて全編モーグのみを"演奏"したアルバム『電子音楽の世界』を制作・発表した。ジョンとポールも興味を覚え、その結果、ビートルズの『アビイ・ロード』では「ヒア・カムズ・ザ・サン」だけでなく、「マックスウェルズ・シルヴァー・ハンマー」「ビコーズ」「アイ・ウォント・ユー」にも取り入れられた。

## ドイツ語版

　ビートルズにはドイツ語版が2曲ある。初期のヒット曲「シー・ラヴズ・ユー」と「抱きしめたい」である。デビュー前にハンブルクで鍛えられた彼らからの御礼の意味も込められていたが、このドイツ語版は、パリで録音されているのが面白いと言えば面白い。4人はこのレコーディングに

まったく乗り気ではなく、時間になってもスタジオには現れず、"彼らはホテルで寝ています。スタジオには行かないそうです"と聞かされたジョージ・マーティンがホテルに乗り込むと、4人は校長が教室に入ってきたかのようにあたふたし、おどけながら謝ったという。

## トゥイギー
*Twiggy* 人

　1949年9月19日、イギリス生まれの女優、モデル。60年代に「ミニスカートの女王」として日本でも人気者となった。テレビのオーディション番組で歌っていたメリー・ホプキンを観て、ポールにその場で電話をかけ、アップルとの契約を促したというエピソードがある。ポールの未発表オリジナル曲「ゴッタ・シング・ゴッタ・ダンス」はトゥイギーのために書かれた曲だった。

## トゥイッケナム・スタジオ
*Twickenham Film Studios* 場

　1913年にロンドン近郊のスケート場の跡地に作られた映画スタジオ。主演映画『ハード・デイズ・ナイト』『ヘルプ』『レット・イット・ビー』や、ロバート・

フリーマン撮影による『ビートルズ・フォー・セール』の見開きジャケット内の写真、「デイ・トリッパー」や「ヘイ・ジュード」のPVをはじめ、ビートルズには最もゆかりのある映画スタジオだった。

## トゥー・ヴァージンズ
Unfinished Music No.1: Two Virgins ㋐

　全裸ジャケットであまりに有名なジョンとヨーコの初の共作アルバム。全裸の2人を隠すために"茶色の封筒"に入れて出荷された本作で、『サージェント・ペパーズ』のジャケット撮影の際のブライアン・エプスタインの要望は、"遺志"として受け継がれる形となった。

## 2トラック録音
ろくおん

　「8トラック録音」(P.52参照) の項目で触れたように、デビュー・シングル「ラヴ・ミー・ドゥ」からセカンド・アルバム『ウィズ・ザ・ビートルズ』までの録音方法。単純に言うと2つのチャンネルの1つにヴォーカルを入れ、もう1つに楽器を入れる、というような、それ以上あまり工夫のしようのないレコーディングなので、50年代のロックンロールやビートルズの初期にはむしろふさわしいサウンド作りでもあった。

## 東京ビートルズ
とうきょう
㋩

　イギリスにビートルズがいるなら日本には東京ビートルズがいる。ビートルズ人気にあやかり、エレキ・ブームも手伝って、64年に日本語でビートルズを歌うバンドがいくつか登場したが、その中でも最もユニークかつカルトな人気を誇ったバンド。日本語の歌詞——たとえば「プリーズ・プリーズ・ミー」の「乱痴気騒ぎさ」や、「ユー・ノウ・マイ・ネーム」を超えるヴォーカルの破壊力など、その衝撃的なサウンドは、一度聴いたら忘れられないほどである。67年に解散。大滝詠一監修・高田文夫プロデュースで『meet the東京ビートルズ』が93年にCDとして復刻され、日本の"真のビートルズ・ファン"を喜ばせた。

## 東京ビートルズ・ファン・クラブ
とうきょう

　91年に前田賢司氏・島乙平氏・白旗誠之介氏によって結成された、"商業主義"にとらわれないファン・クラブ。91年夏号から2007年8月6日号まで会報は全40冊発行された。当時はまだ珍しかったイギリスのオリジナル・レコードの事細かな比較が写真入りで掲載されていたほか、デビュー前の関係者など、公には登場しない人物へのインタビューなどもあり、マニアックでジャーナリスティックな誌面が真のマニアに喜ばれた。著者ももちろんその一人である。

## 東芝音楽工業
とうしばおんがくこうぎょう

ビートルズのレコードを発売していたレコード会社（73年に東芝EMIと改称）。52年にイギリスのEMIと提携してできた東京芝浦電気音楽事業部が母体。60年に東芝音楽工業株式会社が設立され、64年にビートルズの最初のシングル「抱きしめたい」（「プリーズ・プリーズ・ミー」説もあり）が発売された。60年代から70年代にかけて高嶋弘之氏、水原健二氏、石坂敬一氏へと担当ディレクターが引き継がれ、日本でのビートルズ・ファンの"開拓"を率先して行なった。

## 20グレイテスト・ヒッツ
*20 Greatest Hits* アル

『オールディーズ』『赤盤』『青盤』に続くビートルズの3枚目のベスト盤。各国それぞれのナンバー・ワン・ヒット・シングルが収録されたため、イギリス、アメリカ、オーストラリアほか、収録曲・デザインが異なる仕様で発売された。イギリスはナンバー・ワン・ヒット・シングル19曲にデビュー・シングル「ラヴ・ミー・ドゥ」を加えた20曲を収録。82年10月18日（アメリカは10月11日）に発売され、英9位・米50位を記録。

## 28IF

『アビイ・ロード』の左に停車しているフォルクスワーゲンのナンバー・プレートの文字。これも「ポール死亡説」の理由として挙げられた。「もし生きていたら28歳」という意味だが、42年6月生まれのポールは『アビイ・ロード』のジャケット撮影時は正確には27歳だった。ポールは、この"ポール・イズ・デッド"の騒動に乗っかるかのように『アビイ・ロード』のジャケットになぞらえ『ポール・イズ・ライヴ』というライヴ・アルバムを93年に発表した。

## 盗聴事件
とうちょうじけん

70年代前半、世代を超えて影響力の強いジョン（とヨーコ）の動きに目を光らせていたニクソン政権による事件。72年5月5日に『ディック・キャヴェット・ショー』に出演したジョンとヨーコは、"FBIに尾行され、電話が盗聴されている"と訴えた。スタジオの電話まで盗聴されていたという。ジョンは「どうしたらやつらの盗聴を証明できるのか。そんなことは不可能だ」とも語った。68年6月6日にBBCテレビに出演した際には、こんな発言も残した――「世の中は狂人たちに支配されている。でも、それを僕が表現すると消されてしまうだろう。これが現実なんだ」。

## トゥモロー・ネバー・ノウズ
*Tomorrow Never Knows* 曲

「初めて書いたサイケデリック・ソング」だとジョンが言う『リボルバー』のエンディング曲。ビートルズの音楽性の幅を最初に広げた曲として重要である。曲名（リンゴのつぶやきが元になった）が歌詞にまったく出てこない珍しい曲のひとつでもある。

## 土下座
どげざ

72年11月7日、ニクソン大統領再選の翌朝に写真家ボブ・グルーエンによって撮影された写真。ヨーコにひれ伏すジョン、

である。アメリカ大統領選でニクソンが勝利を収めたことにいらだったジョンが酒を飲みまくり、ヨーコがいるのに、ジョンは1人の女性に近づき隣の部屋に消えてしまったという出来事へのお詫びの一幕だった。ヨーコのアルバム『無限の大宇宙』などでその時の写真が見られる。

## トッド・ラングレン
Todd Rundgren 人

1948年6月22日、ペンシルベニア州生まれ。67年にナッズを結成。プロデューサーとしても活躍し、「バングラデシュ・コンサート」の準備で多忙になったジョージの後を引き継ぎバッドフィンガーの『ストレート・アップ』を完成に導いた。74年9月には『メロディ・メイカー』誌上で「革命と叫ぶだけのただのバカ野郎だ」とジョンをなじり、「コンサート会場で誰かわからなかったから頭にきたんだろう」とジョンにやり返されるなど、微笑ましい（?）やりとりもあった。74年にユートピアを結成し、『ミート・ザ・ユートピア（Deface The Music）』ではビートルズで遊ぶなど、実は大のビートルズ・フリークである。リンゴのオール・スター・バンドにも加わり、2013年と2016年には日本公演にも同行した。

## トニー・シェリダン
Tony Sheridan 人

ビートルズをバックにレコードを残した唯一の人物。1940年5月21日、イギリス生まれのシンガー、ギタリスト。60年にロイ・オービンソンなどの英国ツアーに同行後、6月にハンブルクでビートルズと出会う。61年6月にポリドールのプロデューサー、ベルト・ケンプフェルトに声をかけられ、ビートルズをバックに「マイ・ボニー」「聖者の行進（The Saints）」などをレコーディング。ポールと62年に共作した「テル・ミー・イフ・ユー・キャン」を90年代以降のライヴで披露し、『Chantal Meets Tony Sheridan A Beatles Story』に収録した。2013年2月16日死去。

ビート・ブラザーズうまいじゃん

## トニー・バーロウ
Tony Barrow 人

1936年5月11日、リヴァプール近郊のクロスビー生まれ。デッカ・レコードでレコードの解説などを書いていたが、ブライアン・エプスタインに引き抜かれ、62年から68年までビートルズの広報担当となる。イギリスでファン・クラブが設立された時期は、「アン・コリンガム」の名前でフリーダ・ケリーとともに人気拡大に努め、クリスマス・レコードの台本も手掛けた。2016年5月14日死去。

## ドノヴァン
Donovan 人

1946年5月10日、グラスゴー生まれのフォーク・シンガー。65年にレコード・デビュー。代表曲は「サンシャイン・スーパーマン」「メロー・イエロー」「ハーディ・ガーディ・マン」など。「イエロー・サブマリン」の歌詞を手伝い、ビートルズのインド修行にも同行。ジョンとポールにアコースティック・ギターのスリー・フィンガーの奏法を教えた。

### トライデント・スタジオ
*Trident Studios* 場

　68年から81年までロンドンのソーホーにあったレコーディング・スタジオ（閉鎖は90年）。68年7月に「ヘイ・ジュード」で初めて使用し、以後『ザ・ビートルズ』のセッションで「ディア・プルーデンス」「ハニー・パイ」「サボイ・トラッフル」「マーサ・マイ・ディア」、69年2月のセッションで「アイ・ウォント・ユー」をレコーディングした。ジョージの『オール・シングス・マスト・パス』のほとんどの曲が収録されたのもこのスタジオである。

### トラヴェリング・ウィルベリーズ
*Traveling Wilburys* 人

　過去最大最高の"覆面"バンド。結成は88年、メンバーはジョージ、ジェフ・リン、ボブ・ディラン、トム・ペティ、ロイ・オービソンである。ジョージの『クラウド・ナイン』の好セールスを受け、同アルバムからのヨーロッパでのサード・シングル「ディス・イズ・ラヴ」のB面収録曲としてジョージが用意した新曲「ハンドル・ウィズ・ケア」が、巡り巡ってスーパー・バンド誕生の契機となった。『ヴォリューム1』発売直後にロイ・オービソンが急死したが、残された4人でもう1枚『ヴォリューム3』を制作した。

＼　ゴールデンメンバー　／

### ドラゴン・ギター
*Yamaha Dragon Guitar* 楽

　ヨーコがジョンのためにヤマハに特注したギター。主夫時代にジョンが、このギターを弾いて曲を書いたかどうかはわからないけれど、ド派手なギターである。ジョン・レノン・ミュージアムにも展示された。

### ドラムのロゴ

　今じゃ誰もが（でもないけれど）知っている、ドラムに書かれた"THE BEATLES"のロゴ。当初はこういうデッサンが得意なポールが、かぶとむし（ビートル）の角をあしらったロゴを描き、初期はそれを元にしたドラム・ロゴがあしらわれていた。でも、ビートルズのロゴはやっぱり"T"の"縦の棒"が長くないとね。

### どんぐりイベント

　68年6月15日にジョンとヨーコがロンドンのコヴェントリー大聖堂で行なった平和記念のイベント。大聖堂の庭に2つのどんぐりを東西に向けて植え、東洋と西洋の人々が理解し合う世の中になることを願った。ヨーコは2005年10月14日にも再びこのイベントを行なっている。

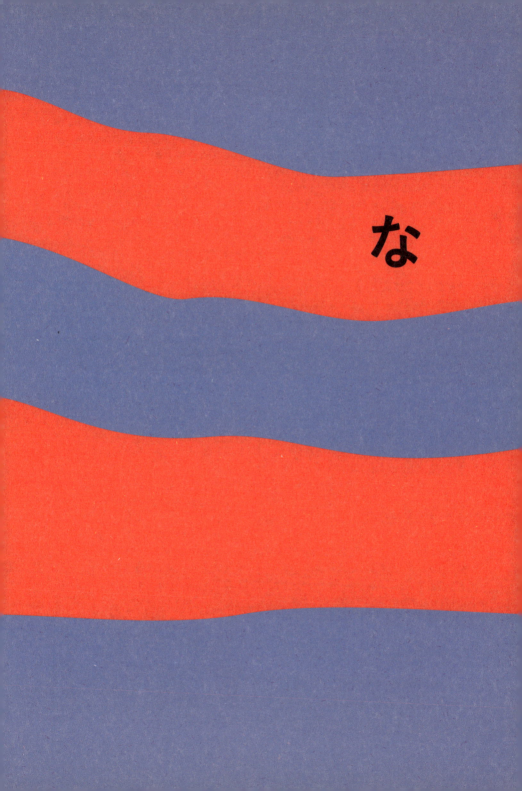

## ナーク・ツインズ
Nerk Twins 人

ジョンとポールが使ったコンビ名。とはいえ、この名前を使ったのは、60年4月23日と24日の2回のステージのみだった。しかもそのステージは、ジョンとポールがバークシャー州にあるポールのいとこのエリザベス・ロビンズと夫マイク宅を訪れて行なわれた、というのが実態である。「世界は日の出を待っている」をマイクなし、2本のアコースティック・ギターだけで披露したという。コンビの名前はロビンズ夫妻が命名したそうだ。

## ナイジェル・ゴドリッチ
Nigel Godrich 人

71年2月28日、イギリス生まれのプロデューサー、エンジニア。レディオヘッドのプロデューサーとして名高い。『ケイオス・アンド・クリエイション・イン・ザ・バックヤード』を制作する際、プロデューサーを探していたポールにジョージ・マーティンが推薦したのがきっかけで、両者の初顔合わせが実現した。ナイジェルの提案でポールは1人でほぼすべての楽器を手掛けることになり、久しぶりのワンマン・レコーディング・アルバムが生まれた。

## ナウ・アンド・ゼン
Now And Then 曲

ジョンの「ロックの殿堂入り」の授賞式でヨーコがポールに渡したジョンのホーム・デモ曲。ポール、ジョージ、リンゴは94年2月11日、ヨーコから受け取った「フリー・アズ・ア・バード」「グロウ・オールド・ウィズ・ミー」とこの曲への追加録音を開始。以降95年3月21日までの1年間、4回のセッションを続けるが完成を断念した。ちなみにこの曲は、2005年4月12日から5月14日までサンフランシスコのオーフィウム・シアターで上演されたミュージカル『レノン』で「アイ・ドント・ウォント・トゥ・

ルーズ・ユー」のタイトルで使われた。

## 永島達司（ながしまたつじ）
人

1926年4月26日、神奈川県生まれ。日本初のプロモーターで、57年に共同企画（現在のキョードー東京）を設立し、ビートルズをはじめ、海外アーティストの日本公演を数多く手掛けた。98年6月8日、ロンドンのセント・マーティン教会で行なわれたリンダの追悼式には日本人で唯一招待されるなど、ポールとの交流は長年続いた。99年5月2日死去。

## ナック
The Knack 人

「ビートルズの再来」とか「第2のビートルズ」などという"売り文句"でデビューする期待の新人バンドがビートルズ解散後にたくさん出てきたが、70年代に限っていえば、ラトルズを除いて最もその呼び名がふさわしいのがロサンジェルスのこのバンド。デビュー前からビリー・ジョエルやブルース・スプリングスティーンなどからの期待を集めていたが、79年のシングル「マイ・シャローナ」とアルバム『ゲット・ザ・ナック』で、噂に違わぬ鮮烈なデビューを飾った。その後はデビュー時ほどのヒット作はなく、一発屋などと言われたが、リンゴのアルバム『タイム・テイクス・タイム』にダグ・ファイガーとバートン・アヴェールが参加するなど、ビートルズ直系の音楽性は本家にも認められていた。

## 72%

アメリカ初上陸を果たした64年、初のテレビ出演となった『エド・サリヴァン・ショウ』での視聴率。7.2%ではない。放映時、ニューヨークの犯罪発生件数が過去50年で最低だったというエピソードが残っている。

## 涙の乗車券（ティケット・トゥ・ライド）
Ticket To Ride（曲）

「最も早いヘヴィ・メタルのひとつ」とジョンが言う9枚目のオリジナル・シングル。アルバム『ヘルプ!』に先がけて65年4月9日に発売され、英米1位を記録した。ジョンがメインの曲だが、演奏ではポールも負けていない。サビの終わりやエンディングで、ジョージのお株を奪うチョーキングを多用したギターを弾き、ドラムのリズム・パターンのアイディアを出すなど、アレンジも含めてポールの貢献度大、である。

## ナンシー・シェヴェル
Nancy Shevell（人）

ポールの3番目の妻。2011年10月9日（ジョンの誕生日）にメリルボーン・タウン・ホール内の登記所で結婚。新婦のドレスはポールの娘のステラがデザインした。日本公演のMCでもポールが毎回言っているように、「マイ・ヴァレンタイン」は妻ナンシーに捧げた曲である。

## ニール・アスピノール
Neil Aspinall（人）

1941年10月13日、ウェールズ生まれ。リヴァプール・インスティテュートでポールの同級生だったという縁もあり、61年にビートルズのロード・マネージャーとなり、68年にはアップル・コアの取締役に就任。それ以降、2008年3月23日に亡くなるまで、ビートルズに人生を捧げたと言っていいほど、献身し続けた。『アンソロジー』シリーズは、ニールが70年代前半から実現を夢見ていたビートルズのオフィシャル・ストーリーでもあった。

## ニール・イネス
Neil Innes（人）

1944年12月9日、イギリス、エセックス州生まれ。ボンゾ・ドッグ・ドゥー・ダー・バンドのメンバーとしてテレビ映画『マジカル・ミステリー・ツアー』に出演。エリック・アイドルと組んで、ビートルズのパロディ・バンドの最高峰ラトルズのジョン役としてすべての曲を手掛けた。ジョージとの交流はジョージが亡くなるまで続き、ジョージの「人生の夜明け」のPVにも出演している。

## ニール・ヤング
Neil Young 〈人〉

1945年11月12日、トロント生まれ。CSN&Y（クロスビー、スティルス、ナッシュ&ヤング）やバッファロー・スプリングフィールドのメンバーとして活動後、69年にソロ・デビュー。21世紀以降ポールと急接近し、2004年10月15日の対人地雷廃絶キャンペーンのチャリティ・イベントや、翌23日の「第18回ブリッジ・スクール・ベネフィット・コンサート」で共演した。2016年10月8日のイベント「デザート・トリップ」では、ポールと「ホワイ・ドント・ウィ・ドゥ・イット・イン・ザ・ロード」を披露。

## ニッキー・ホプキンス
Nicky Hopkins 〈人〉

1944年2月24日、ロンドン生まれのセッション・ピアニスト。60年代にはローリング・ストーンズの「シーズ・ア・レインボウ」やビートルズの「レボリューション」に参加。その縁でジョンの『イマジン』やジョージの『リヴィング・イン・ザ・マテリアル・ワールド』、リンゴの『リンゴ』など、ウイングスを率いていたポールを除く3人の主要ソロ作にビートルズ解散以降も数多く顔を見せた。94年9月6日死去。

## 22番
すぐに反応した読者は、間違いなくポール・ファンだろう。80年1月17日、ポールが大麻不法所持で東京・新橋の警視庁に留置された時の「囚人番号」である。ちなみに留置場での10日間でポールが正しく覚えさせられた日本語は「ハイ」「オハヨー」「カンシュ（看守）」の3語だったそうで、「グッド・モーニング（オハヨー）」と「ガード（看守）」をかけて「ガード・モーニング」という曲を思いついたが、紙と鉛筆がなかったので断念したという。

## 西新宿
特に70年代に海賊盤店が軒を並べた東京の一角。70年代半ばから80年代にかけて足繁く通ったが、キニー（P.68）がやはり思い出深い。

## 日本武道館
〈場〉

ビートルズの日本公演が行なわれた場所。もともと東京オリンピックに向けて柔道場として東京都千代田区北の丸公園内に建設された武道場で、64年9月15日に完成した（開館は10月3日）。収容人数は14,471人。ソロではリンゴが95年6月に、ポールが2015年4月と2017年4月に日本公演を行なった。海外アーティストにとってもロックの伝説的な会場として認知されている。

## 292回
自分で「見出し語」を決めておいて、一瞬「あれ？これはなんだっけ」と思ってしまった。ビートルズがリヴァプールのキャヴァーン・クラブに出演した合計回数である。デビュー前の61年2月9日から「シー・

ラヴズ・ユー」の録音1ヵ月後の63年8月3日まで、足かけ2年半。ドキュメンタリー映画『EIGHT DAYS A WEEK』でポールは「ライヴで鍛えられた」と言っていたが、まさに、である。63年前半まではほんとにライヴばかりやっていた印象が強い。

## 213番目に好きな曲

個人的に最も信頼しているデザイナー・秋田和徳氏の名言。「213曲」の中で「ホワット・ユーアー・ドゥーイング」が個人的に苦手で、「最も嫌いな曲」だと伝えた時の返答、である。ちなみに秋田氏はデヴィッド・ボウイ、クイーンほか特にブリティッシュ・ロックへの造詣が深く、毎日12時間以上音楽を聴き続けているマニアでもある。もしかしてビートルズは「213番目に好き」なバンド？（笑）

## 日本公演

ビートルズは66年に1回、ジョンは81年に予定されていたが幻に、ポールは90年、93年、2002年、13年、15年、17年の計6回（ウイングスでの75年と80年、ソロでの14年の計3回の中止あり）、ジョージは奇跡的に91年に1回、そしてリンゴは、89年、95年、13年、16年の計4回、である。ビートルズはあいにく観られなかったが（テレビ放映も記憶になし）、最も思い出深いのはやはりジョージだ。80年のウイングスと81年のジョンが観られていたら……とたまに思うことがあるけれど。

## 日本人はいるかい？

（発）
2008年6月1日にリヴァプールのアンフィールド・スタジアムで開催された"リヴァプール・サウンド"と題されたライヴ・イベントで、前座のカイザー・チーフス、ズートンズに続いて登場したポールが、ライヴ後半で観客に呼びかけた一言。世界各国からファンが詰めかけていたが、イギリスやアメリカのファンに声をかけるのは普通にあるのに、そんな中でよくぞんな一言を投げかけてくれたと感動した。

## 日本刀

『ミュージック・ライフ』の星加ルミ子編集長が、65年6月15日にビートルズに会いにロンドンのEMI（アビイ・ロード）スタジオを訪ねた際に、ブライアン・エプスタインへのプレゼントとして持参したもの。「持参」と書いたけど、今じゃ機内に間違っても持ち込めない。星加さんの"度胸と機転"の勝利である。

## 日本編集盤

64年まで東芝音楽工業から独自の選曲・体裁で発売された編集アルバムのこと。たとえば最初に発売された『ビートルズ!』は、シングル・ヒットを含む全14曲の構成で、アメリカ編集盤とは異なり、お買い得感が高い。著者が最初に聴いたビートルズのアルバムも、その『ビートルズ!』だった。

## 入院

リンゴは幼少の頃から体が弱く、入退院を繰り返していた。64年の夏のツアーでは扁桃腺をこじらせてドラムの座をジミー・ニコルに一時的に譲ったこともある。とはいえ、リンゴは子供時代に入院していた時に義父からドラム・セットをプレゼントされ、76歳の現在でも世界中でドラムを叩く勇姿を見せているのだから、人生、何が好転するきっかけになるかはわからない。「レイン」の歌詞じゃないけれど、「気の持ちようでなんとでもなる」ということだろう。

## ニルソン
*Harry Nilsson* 人

　1941年6月15日ニューヨーク生まれ。本名はハリー・エドワード・ニルソン。代表曲は全米1位となった「ウィズアウト・ユー」（オリジナルはバッドフィンガー）。実質的なデビュー・アルバム『パンディモニアム・シャドウ・ショウ』を聴いたジョンが絶賛し、自ら電話をかけ、"You are great!"と伝えたというエピソードがある。特にポール以外の3人との付き合いが深く、ジョンの「失われた週末」時期にはジョン、リンゴ、キース・ムーンとの飲み仲間でもあった。92年6月にリンゴがオール・スター・バンドの北米公演を行なった際には「ウィズアウト・ユー」を披露。これが最後の公式パフォーマンスとなった。94年1月15日に死去。

## ヌートピア宣言
*Mind Games* アル

　ジョンの3枚目のソロ・アルバム。アルバム発表後にヨーコとの別居を経験したジョンは、自ら手掛けたコラージュによるアルバム・ジャケットについて、自分がヨーコの山から離れて、旅に出るってことだったんだと感慨深く話していたという。73年11月16日（アメリカは10月29日）に発売され、英13位・米9位を記録。

## ネクタイが気に入らない
発

　ビートルズ時代の約8年間で最も変わったのは、外見はジョン、内面(?)はジョージだろう。デビュー時は一番年下ということもあって、やんちゃでずけずけモノを言い、ジョンの弟分としていつも後をついてまわっていたかのような印象があるが、これはそんなジョージのやんちゃぶりを象徴する一言である。62年6月6日、ジョージ・マーティンの立ち合いによる初レコーディングの際に、4人とも何の反応も示さないので「何か気に入らないことでもあるのか」とマーティンに訊かれた時のジョージの返しがこれ。この一言でその場の空気が和み、マーティンもビートルズのユーモアを気に入ったという。

## NEMS ネムズ

　ビートルズのマネージャー、ブライアン・エプスタインが弟クライヴと62年6月に興した会社。正式名称は"North End Music & Store"（NEMSエンタープライズ）。

## 眠れるかい？
*How Do You Sleep?* 曲

　「目を開いたまま寝てるんじゃないか」と、目の大きいのをネタにされていたポールを茶化した、アルバム『イマジン』に収録されたジョンの曲。ビートルズ解散後のジョンとポールの不和を象徴する代表曲である。そしてこの曲で印象的なスライド・ギターを弾いているのは、ジョンの弟分で、ポールとはウマが合わないジョージだった。

## ノーウェアボーイ
*Nowhere Boy* 映

　デビュー前のビートルズを描いた映画はいくつかあるが、その中でも『バック・ビート』と並び見応えのある作品（2009年公開）。ジョンとスチュアート・サトクリフとの交流が描かれ、しかもジョンとポールの"カッコ良さ"にあまりにも落差があるため、ポール・ファンには評判がよくない（かもしれない）。女性監督サム・テイラー＝ウッドはポールの娘メアリーの友人だったということもあり、「俺はジョンには殴られてない」とポールは物言いをつけたが、「これは映画作品だから」と返されたそうだ。撮影後、監督が23歳下のジョン役の俳優アーロン・ジョンソンと結婚したというのもいい話。そりゃジョンがカッコ良く見えるわけだ。

## ノーザン・ソングス
*Northern Song Ltd.*

　ビートルズ（ジョンとポール）の楽曲の著作権管理を目的として63年2月22日に設立された音楽出版社。自作曲の管理会社を作る際、ブライアン・エプスタインが「プリーズ・プリーズ・ミー」のヒットに貢献したディック・ジェイムス・ミュージックの社長を共同経営者として招き入れた。だが、ブライアンの死後、69年にジェイムスがATVに売却。82年にポールとヨーコが買い戻しに失敗したあと、85年にマイケル・ジャクソンの手に渡った（現在はソニーが管理）。そして2017年1月18日、ポールは、アメリカの「76年著作権法」（1978年以前の曲の著作権は56年後に手元に戻るという規定）をタテに、著作権返還訴訟をソニーATVミュージック・パブリッシングに対して起こした。デビュー・シングル「ラヴ・ミー・ドゥ」が発売されて2018年で「56年」である。

## ノーマン・スミス
*Norman Smith* 人

　1923年3月22日、イギリス・エドモントン生まれ。ビートルズのデビュー・シングル「ラヴ・ミー・ドゥ」から65年のアルバム『ラバー・ソウル』までエンジニアをつとめた。2008年3月3日死去。

## ノラ・ジョーンズ
*Norah Jones* 人

　1979年3月30日、ニューヨーク生まれ。父はシタール奏者のラヴィ・シャンカール。デビュー・アルバム『Come Away With Me』が世界的な大ヒットとなる。ジョージの息子ダニーが企画し、2014年9月28日にロサンジェルスで開催されたトリビュート・ライヴ『ジョージフェスト』に出演し、「サムシング」と「ビハインド・ザット・ロックト・ドア」を披露した。

親子2代で仲良しよ

## ノルウェーの森（ノーウェジアン・ウッド）
*Norwegian Wood (This Bird Has Flown)* 曲

　「抱きしめたい」と並ぶ邦題の印象的な曲。ジョージのシタールが初めてフィーチャーされた曲としても知られている。「ジョンの浮気の歌。復讐としてノルウェーの材木に火を点けるのは僕が思いついた」とポールが語っているように、実在の出来事を物語仕立てにしたジョンの傑作である。村上春樹の本の書名になり、映画化もされて、さらに知名度が上がった。『ラバー・ソウル』に収録。

## ビートルズが聴ける店 ❸
# 浅草 LIVE IN APPLE

### 下町で楽しむビートルズ

ビートルズを中心とするライヴが楽しめる浅草にあるライヴ・バー。演奏者とお客さんの距離が近く、アットホームな雰囲気で演奏を聴けるところは魅力のひとつ。店内には、ビートルズのレコードやグッズが飾られ、つねにビートルズのBGMが流れています。若手のバンドも出演していて、まるで初期のビートルズのよう!?

\ 店主お薦めアルバム /

レット・イット・ビー
アップル・ビルでのライヴ録音も入ったアルバムは、この店を始めるきっかけとなりました。

**DATA**
台東区雷門1－16－9　気楽ビル4F
03－3844－8447
http://www.liveinapple.info/index.html

## ビートルズが聴ける店 ❹
# Cafe Beatle Club

### 珍しいレコードも聴ける!

2012年に町田にオープンした"ビートルズ愛"いっぱいのカフェ。毎月、第3土曜日には、ビートルズ・セッションを開催しています。店内には、"マトリックス1"を含む、世界各国のLP盤をはじめ、オーナーの専門分野である"ビートルズギア"たちがあふれんばかり。レア・アイテムが並ぶ店内は、まるでビートルズ博物館!?　オーナーとビートルズ談義を楽しんでみては。

\ 店主お薦めアルバム /

英国デビュー・アルバム
『プリーズ・プリーズ・ミー』の"ゴールド・パーロフォン"のモノラル盤。音の圧力に圧倒されます。ライヴ・バンドとしての本領発揮!

**DATA**
町田市野津田町1852－3
042－735－1415
https://www.facebook.com/CafeBeatleClub-1631485603783436/

## ハーゲンダッツの抹茶アイス

　ビートルズとなんの関係があるのだろう？ CM繋がりか？ と思った方、はずれです。2013年の大相撲九州場所5日目を福岡国際センターで観戦したポールが食べていたのがこれ。場内で「ポール！」コールが巻き起こったのをテレビで観て、「ああ、福岡公演はいいから、福岡国際センターに行けばよかった」と思った。ビートルズと相撲とカレー好きとしては、ポールが抹茶アイスじゃなくてカレーを食べていたらなおよかった！

## ハード・デイズ・ナイト
A Hard Day's Night ㋐

　64年7月10日に発売されたイギリスでの3枚目のオリジナル・アルバム。初の主演映画のサウンドトラック盤である。次作『ビートルズ・フォー・セール』にトップの座を譲るまで英21週連続1位を記録した。

## ア・ハード・デイズ・ナイト
A Hard Day's Night ㋱

　出だしの「ジャーン」で決まりである。リンゴのつぶやき"It's been a hard day...'s night"をヒントにジョンが書いた3枚目のアルバムのタイトル曲で、同名映画の主題歌となった。64年7月10日に7枚目のオリジナル・シングルとしてアルバムと同時発売され、英米1位を記録。ポールが2017年の日本公演で1曲目に披露した曲でもある。

## ハード・デイズ・ナイト
A Hard Day's Night ㋠

　初の主演映画。公開当時のタイトルは『ビートルズがやって来る ヤァ！ ヤァ！ ヤァ！』。人気は一過性のものとみられていたため、低予算でモノクロでの制作となった。しかしそれが功を奏し、まるで4人の性格までもがそのまま描かれているかのような躍動感のある名作となった。日本でも、学校をさぼって弁当持参で1日じゅう観まくるファンもいたそうで、それじゃ回転率も悪いということで「入れ替え制」が導入されたらしい。

## ハード・デイズ・ナイト・ホテル
Hard Days Night Hotel ㋭

　「ビートルズ」をテーマにしたホテル。リヴァプールのマシュー・ストリートの近くに2008年2月1日にオープンした。6階建て、計110室。

## バーナード・ウェッブ
Bernard Webb ㋩

　ポールが「自分の名前を出さなくてもヒットするかどうか」試してみようとピーター＆ゴードンに「ウーマン」を提供する際に使った別名。早めにポールの曲だとばれたが（ポールがばらした説もあり）、結果は米14位の中ヒットに終わった。アメリカ盤シングルのクレジットは、なぜか「A・スミス」。ポール（レノン＝マッカートニー）名義じゃなかったらなんでもよかったのかも。

## バーバラ・バック
Barbara Bach 人

結婚は勢い

アメリカの女優で元ボンド・ガール。リンゴの主演映画『おかしなおかしな石器人』で共演した2人は、その後、交際を始めたが、ある時ドライブ中に交通事故に遭い、車は大破するが奇跡的にも軽症で済む。その出来事に運命的なものを感じたリンゴは、翌81年4月にバーバラと再婚。式にはポール夫妻、ジョージ夫妻も駆けつけ、3人で「シー・ラヴズ・ユー」を演奏したという。

## ハーフ・シャドウ

『ウィズ・ザ・ビートルズ』(63年)のジャケットにもなった、文字通り"半分陰"になっている構図や様子。デビュー前に知り合ったアストリット・キルヒヘルが考案したと言われるが、実際アストリットはスチュアート・サトクリフが亡くなった時に家を訪れたジョンとジョージを"ハーフ・シャドウ"で撮影している。これは翻訳家の奥田祐士氏から聞いた話だが、フランスのSF映画『ラ・ジュテ』(62年)に全く同じ構図が出てくる。そっちが明らかに元ネタだ。

## ハープシコード
Harpsichord 楽

クラシックのバロック音楽などで広く使われる撥弦楽器。チェンバロ、クラウザンとも言う。ポールが弾いたと思われる

「フィクシング・ア・ホール」と、『ザ・ビートルズ』の制作中にクリス・トーマスが弾いた「ピッギーズ」、ジョージ・マーティンが弾いた「ビコーズ」(楽器はエレクトリック・ハープシコード)の3曲で使用されている。いずれも、60年代後半に流行ったバロック・ロックの先駆けとも言えるクラシカルな響きが印象的だ。

## ハー・マジェスティ
Her Majesty 曲

最後のスタジオ録音作『アビイ・ロード』の最後に"おまけ"として付けられたわずか23秒の曲。発売当時は曲目記載のないシークレット・トラックだった。その前に収録された「ジ・エンド」でジ・エンドにせず、アンコール的に登場したポールが「イギリスの女王陛下にワインをたらふく飲ましてものにしちゃいたい」と歌う──これもまたビートルズならではの味である。

## ハーモニウム
Harmonium 楽

アコーディオンとオルガンを合わせたような楽器で、リード・ギターならぬリード・オルガン。特に『ヘルプ!』以降、鍵盤楽器の使用が増えて登場した。ジョンが弾く「恋を抱きしめよう」とジョージ・マーティンが弾く「愛のことば」が味わい深い。

### ハーモニカ
*Harmonica* 楽

　ビートルズの初期を彩る楽器。「ラヴ・ミー・ドゥ」「プリーズ・プリーズ・ミー」「フロム・ミー・トゥ・ユー」をはじめ、ジョンが吹くハーモニカは、ビートルズ・サウンドには必須だった。中期以降はほとんど登場しなくなったが、「オール・トゥゲザー・ナウ」やソロの「オー・ヨーコ」など、これぞという曲でジョンが使っている。

### パーロフォン
*Parlophone*

　ビートルズと契約したEMI傘下のレーベル。EMIでは最小規模のレーベルだったが、コメディやクラシックなども手掛けていたジョージ・マーティンとの縁で、ビートルズはアップルを立ち上げるまで専属アーティストとなった。レコードに記されたロゴ・マーク（£）がビートルズマニアには有名。

### ハイド・パーク
*Hyde Park* 場

　イギリス、ロンドンの中心部にある公園。64年の秋にロバート・フリーマンが撮影した写真が『ビートルズ・フォー・セール』の表裏ジャケットに使用されたほか、67年5月18日にはアメリカの雑誌『タイム』と『ビートルズ・マンスリー』用のフォト・セッションも公園内のサーペンタイン・ロードで行なわれている。

### パイレート・ソング
*The Pirate Song* 曲

　モンティ・パイソンとの交流が最も深かったジョージが、彼らのテレビ番組で"ボブ"という名の海賊役で披露した曲。ソロ初の大ヒット曲「マイ・スウィート・ロード」がシフォンズの「ヒーズ・ソー・ファイン」の盗作だと訴訟を起こされたのを逆手にとり、イントロは「マイ・スウィート・ロード」にそっくりだが、曲は違う、というヒネリを加えて番組にふさわしい笑いを取った。

### ハウス・ハズバンド
*House Husband*

　75年10月にショーンが生まれ、76年1月にレコード契約が切れたジョンは主夫へと転身した。"イクメン"などと言われるような現代の風潮はまだなく、主婦ならぬ主夫（ハウス・ハズバンド）という言い方も耳慣れない時代の変わり身の早さ。あまりにジョンらしい生き方だった。ジョンは言う――「赤ん坊の世話をしてパンを焼き、主夫でいたことを誇りに思っている僕をみんなにもっと知ってもらいたいんだ」と。

### ハウ・ドゥ・ユー・ドゥ・イット
*How Do You Do It* 曲

　もともとビートルズのデビュー・シングル用にジョージ・マーティンが準備した"他人の曲"。ジョンとポールがオリジナルで勝負したいと主張し、「ラヴ・ミー・ドゥ」（英17位）に決まったが、代わりにジェリー&ザ・ペースメイカーズが演奏したヴァージョンは英1位を記録。マーティンの判断が正しかったということになる。

### バグパイプ
*Bagpipe* 楽

　スコットランドの代表的な民族楽器のひとつ。ウイングスの70年代の大ヒット・シングル「夢の旅人」に使用され、ビートル

ズ・ファンにも広く知
られるようになった。
ポールは海外のライヴ
でたまに「夢の旅人」
を演奏する時に、バグ
パイプの演奏者と共演
することがある。もう
一度来ればの話だけれ
ど、日本でも同じようにぜひやってほしい。

## パスト・マスターズ Vol.1
Past Masters Volume One （アル）

　87年から88年の初CD化の際に新たに編集されたアルバム。イギリスのオリジナル・アルバムには未収録のシングル曲を中心に収録されており、こちらは前期（62年から65年）の曲で構成されている。88年3月7日に発売され、英49位・米149位を記録。

## パスト・マスターズ Vol.2
Past Masters Volume Two （アル）

　『パスト・マスターズ Vol.1』と同じく、こちらは後期（66年から70年）の曲で構成された編集盤。88年3月7日に『Vol.1』と同時発売され、英46位・米121位を記録。

## 裸　踊り
（はだかおど）

　『サムタイム・イン・ニューヨーク・シティ』のジャケットにあしらわれた写真。踊っているのはニクソンと毛沢東である。もちろん顔だけ入れ替えた今で言う"アイコラ"のようなものだが、ジョン（アイディアはヨーコ）のこうした大胆（で勇敢）な振る舞いが当局を刺激したのは間違いない。だ

が、さすがにそのまま店に並べるわけにはいかないという判断がレコード会社側にあり、"最新盤"などの宣伝文句の入ったラベルが貼られ、肝心の写真は隠されてしまったようだ。

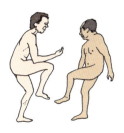

## バッキンガム宮殿
（きゅうでん）
Buckingham Palace （場）

　65年10月26日に、エリザベス女王からMBE勲章を授与された場所。イギリスのロンドンにある宮殿。約1万坪の敷地があり、舞踏会場、美術館、図書館、音楽堂などが設置されている。「宮殿のトイレでマリファナを吸った」とはジョンの弁。

## バッグ・イン
Bagism

　68年12月18日、ロンドンのロイヤル・アルバート・ホールでのアンダーグラウンド芸術運動のクリスマス・パーティーの際にヨーコが行なった前衛パフォーマンス。ただ大きな袋に入ってステージに登場するだけ——というと語弊があるが、"袋に入って外部と対話することにより、人種・性別・年齢などの先入観にとらわれない関係を築く"というコンセプトに基づく「バギズム」と呼ばれるパフォーマンスである。

### バック・ビート
Backbeat 映

　94年に公開されたビートルズ関連映画。映画『ノーウェアボーイ』がジョンとスチュとの交流を中心に描いた作品だとしたら、本作はハンブルク巡業時の下積み時代を激しく荒々しく、まさにパンキッシュに描いた映画作品である。しかも80年代後半から90年代にかけてブームとなったグランジ・ロック勢が実際の演奏も含めてほとんど出演しているのだ。ドン・ウォズのプロデュースによるサウンドトラック盤も必携だ。

### バッグ・ワン

　ジョンがヨーコへの"結婚記念品"として制作したリトグラフ（石版画）などを収めた白いビニール製のバッグに入った芸術作品。主にジョンとヨーコのスケッチが描かれているが、中にはヒワイな絵も多数あるため、展示会が開かれた際にはそれらの絵は警察に没収され、翌日に会は中止となった。

### バッドフィンガー
Badfinger 人

　"ビートルズの弟バンド"。アイヴィーズの名で68年に「メイビー・トゥモロー」でデビュー。映画『マジック・クリスチャン』の主題歌「カム・アンド・ゲット・イット」をポールから贈られた際に改名した。ラトルズと並び最もビートルズ色の強

いバンドで、個人的に愛着も深い。70年代にはアルバムがなかなか手に入らず、西新宿の海賊盤屋で"正規盤"を買ったのが懐かしい思い出。

### バッド・ボーイズ
The Bad Boys 人

　最初に出た日本編集盤『ビートルズ!』のジャケットと収録曲をそのままそっくりに再演した『Meet The Bad Boys』で73年10月にデビューしたコピー・バンド。その後リボルバーなどを結成する廣田龍人（リッキー）とオフコースに参加する清水仁を中心に結成された。

### バッハのブーレ
J.S.Bach : Bourree from Lute Suite BWV996 曲

　ジョージが弾いていたバッハの『リュート組曲第1番』の「ブーレ」をヒントに書かれたビートルズ・ナンバーがある。その事実をポールが明かしたのは2000年代以降のライヴで、だったんじゃないだろうか。曲は「ブラックバード」である。

## 法被
はっぴ

　法被と言えば、日本に来た時にタラップから降りる時に着ていたJAL、である。ブライアン・エプスタインに直接頼んでも断られるに決まっているから、よかったら着てほしいとジョンに頼んだらOKがすぐに出て全員着たとか、ポールに頼んだのが先だとか、諸説があるものの、JALにとってはこの上ない宣伝となった。

## ハッピー・クリスマス
*Happy Xmas(War Is Over)* 曲

　ジョンとヨーコが書いた、最も知られるクリスマス・ソングのひとつ。元歌はPPMの「ステューボール」などとは口が裂けても言えない。

## パティ・ボイド
*Pattie Boyd* 人

　ジョージの最初の妻。1944年3月17日、サマセット生まれ。「サムシング」のPVに出てくるあのつぶらな瞳で見つめられたら、「いとしのレイラ」を捧げたエリック・クラプトンじゃなくても瞬殺、である。

## バディ・ホリー
*Buddy Holly* 人

　ビートルズが憧れたロックンローラーの先達の一人。1936年9月7日、アメリカ・テキサス州生まれ。バディのバック・バンドのクリケッツがコオロギとイギリスの競技の二重の意味があることに影響を受け、ビートルズはかぶとむしと音楽用語（ビート）をかけてバンド名にした。眼鏡をかけていることも、近眼だったジョンには親近感があった。「ワーズ・オブ・ラヴ」や前身バンド、クォリーメンの最初のレコーディング曲「ザットル・ビー・ザ・デイ」などをカヴァーした。59年2月3日、飛行機事故により死去。

## ハモンド・オルガン
*Hammond Organ* 楽

　ローレンス・ハモンドが開発した電気楽器。ポールが弾いた「ミスター・ムーンライト」「フライング」、音色の独特な「ルーシー・イン・ザ・スカイ・ウィズ・ダイアモンズ」、ジョージが弾いた「ブルー・ジェイ・ウェイ」と「オンリー・ア・ノーザン・ソング」、そしていかにもリンゴが弾いたと思える「君はいずこへ」など多くの曲に使用され、曲や弾き手によって表情の異なる多彩な味わいを生んだ。

## ビートルズ診断
# あなたは誰に似てる!?

あなたの中に潜む、ビートルズのメンバーは誰だ!?
20の解答でズバリとわかります。

\ 診断 /

| ① | 十八番は、あま～いバラードである。 | B |
| ② | 恋人を束縛する、嫉妬深いタイプだ。 | A |
| ③ | 引っ張るより、人についていくほうが好き。 | C |
| ④ | ウィットに富んでいると言われることがある。 | D |
| ⑤ | オシャレには人一倍うるさいほうだ。 | D |
| ⑥ | ハワイが好きだ、または住んでみたいと思っている。 | C |
| ⑦ | 真夏の太陽のように、明るく陽気な性格だ。 | B |
| ⑧ | 友だち思いで仲間に助けられることも多い。 | D |
| ⑨ | 「年上の女房は金のわらじを履いてでも探せ」はその通りだと思う。 | A |
| ⑩ | 見かけによらず、実は自己主張が強いタイプだ。 | B |
| ⑪ | 休日は外に出かけずに、家の中でゆっくりくつろぎたい。 | C |
| ⑫ | どちらかというと、人を信じて、だまされやすいタイプだ。 | A |
| ⑬ | スタートは遅いが、後から追い抜く、大器晩成型だと思う。 | C |
| ⑭ | 自分ではわからないが、天然だと、まわりから言われる。 | B |
| ⑮ | 好きなものなら、毎日飽きずに食べられる自信がある。 | A |
| ⑯ | まわりからあだ名で呼ばれる。 | D |
| ⑰ | 早熟だと言われて大人になった。 | A |
| ⑱ | 好きな人には献身的に尽くしてしまう。 | C |
| ⑲ | 愛はお金では買えないと思う。 | B |
| ⑳ | お酒に飲まれてしまうほうだ。 | D |

> ● チェック方法　P.130の質問に答えて、ABCDの数の一番多いものがあなたのタイプになります。

## ＼ 結果発表 ／

**A**が一番多いあなたは
**ジョン**タイプ

嫉妬深くて、人を信じやすいあなたは確実に体内にジョンの要素が含まれています。嫉妬心を歌って発散ならOKですが、相手に向けるのはやめましょう。好きなものを飽きずに食べられることは、ある意味特技とも言えますが、ジョンのように2週間毎日寿司……なんてことにならないように注意!

バラードを得意とし、愛はお金では買えないと思うあなたは、まさにポールタイプ。でも、あまり自己主張ばかりをしていると、ときに周りから"ウザいヤツ"と思われてしまう可能性も大。ポールのように陽気に、天然を全面に出せれば、まぁ、仕方ないか、となるかも!?

**B**が一番多いあなたは
**ポール**タイプ

**C**が一番多いあなたは
**ジョージ**タイプ

静かに自分の時間を大切にするあなたは、ジョージのような穏やかで優しいタイプです。前にしゃしゃり出ずに、一歩下がって、という控えめなところは魅力ではありますが、あまりにも相手の言いなりになってしまうと、大切な人に逃げられちゃうかもしれませんよ。気をつけて。

**D**が一番多いあなたは
**リンゴ**タイプ

おしゃれで、ウィットに富んでいるあなたは日本版リンゴです。これからもその心意気を忘れずにいてほしいところです。リンゴは酔っぱらって記者会見をしてしまいましたが、そんなことにならないよう、「酒は飲んでも飲まれるな」で、楽しくお酒をたしなみましょう。

## バリー・マイルズ
Barry Miles 〖人〗

　1943年、イギリス・グロスターシア州生まれ。ジョンとヨーコの出会いの場となったインディカ・ギャラリーの経営者で、前衛芸術をはじめ"新し物好き"へとビートルズ（特にポール）を導いた影の実力者的存在である。ザップル・レコードの実質的な運営を手掛け、その内幕を書き記した『ザップル・レコード興亡記』を2016年に刊行した。

## ハリウッド・ボウル
Hollywood Bowl 〖場〗

　アメリカのカリフォルニア州、ハリウッドにある野外音楽堂。開場は1922年。座席数は17,376席。ビートルズは64年8月23日、65年8月29、30日に同会場でコンサートを行なった。

## ハリソングス
Harrisongs Ltd.

　ジョンとポールへの支払いが圧倒的に多かったビートルズの楽曲の管理会社ノーザン・ソングスを皮肉って「オンリー・ア・ノーザン・ソング」を書いたジョージが、自分の名前をかけて作った自分の楽曲の管理会社。

## ハロー・グッドバイ
Hello Goodbye 〖曲〗

　16枚目のオリジナル・シングルとして発売されたポールの傑作（英米1位を記録）。ポップなメロディ、覚えやすい歌詞、凝った音作り——ビートルズサウンドの魅力がわかりやすい形で表現されている。カップリングはジョンの「アイ・アム・ザ・ウォルラス」。ジョンとポールの作風の違いが顕著な2曲だ。

## パロディ・ジャケット

　ビートルズのジャケットには、アッと言わせるものが多い。そのためパロディ・ジャケットも数多く生み出された。中でも最も多いのは、たぶん多い順に『アビイ・ロード』『サージェント・ペパーズ』、『ウィズ・ザ・ビートルズ』の3枚だ（詳細はP.182〜P.183のコラムを参照）。

## ハワイ
〖場〗

　ハワイと言えばジョージである。77年に息子ダニーが生まれてからはハワイの別荘で過ごす機会が増え、「ヒア・カムズ・ザ・ムーン」「ソフト・ハーテッド・ハナ」など『慈愛の輝き』（79年）に収録された3曲を書いた。

## 半掛け帯
はんかけおび

　ニセモノの多さで知られる日本独自のLP帯。60年代前半、東芝音楽工業はLPをレコード店に卸す際に、1箱ごとに誰のなんというレコードかわかるように目印を付けた。それがこの半掛け帯で、ゆえにすぐに取れるように糊付けはわずかにしかされていなくて、しかも表記も誰の何かがわかる程度の簡潔なものとなっている。糊付けされたままのホンモノは、「3ケタ」である。

### バングラデシュ・コンサート
The Concert For Bangla Desh

　ジョージの提唱により、71年8月1日、ニューヨークのマディソン・スクエア・ガーデンで開催されたチャリティ・コンサート。リンゴやエリック・クラプトン、ボブ・ディランらも出演したこのベネフィット・コンサートは、チャリティ・イベントの先駆けとして高い評価を得た。ジョージはジョンに出演の快諾を得たものの、実現せずに終わった。

### ハンター・デイヴィス
Hunter Davies 〈人〉

　1936年1月7日、スコットランド・ジョストン生まれ。大学卒業後にジャーナリストとなる。ビートルズとブライアン・エプスタイン公認の初の伝記『ビートルズ―その誕生から現在まで―』の著者。ジョンは『ローリング・ストーン』誌の70年のインタビューでこの本について"でたらめ"と語ってはいたが、日本で最初に出た伝記本として、増補版もその後に発売されるなど、いまだに高い評価を得ている。

### バンド・オン・ザ・ラン
Band On The Run 〈アル〉

　ナイジェリアのラゴスで制作されたウイングスのアルバム。アルバム制作直前にメンバー2人が脱退し、ポール、リンダ、デニーの3人でセッションに臨んだ（ジェフ・エメリックがエンジニア、トニー・ヴィスコンティがストリングスなどのアレンジを担当）。3部構成のタイトル曲と「ジェット」という強力な2大ヒット曲を含む70年代のポールの代表作のひとつである。

### バンド・オン・ザ・ラン
Band On The Run 〈曲〉

　アップルの会議に嫌気がさしたジョージの発言"If we ever get out of here"から着想を得てポールが書いたという同名アルバムからのセカンド・シングル曲。3つの異なる曲を組み合わせた3部構成の大作で、『アビイ・ロード』収録の「ユー・ネヴァー・ギヴ・ミー・ユア・マネー」のウイングス版（「ハッピネス・イズ・ア・ウォーム・ガン」のポール版?）と言ってもいいような趣がある。

### ハンドメイド・フィルムズ
Handmade Films

　キリストを揶揄したモンティ・パイソンの映画『ライフ・オブ・ブライアン』の制作続行が困難になったため、その救済のためにジョージが弁護士のデニス・オブライエンと共同出資して79年に設立したイギリスの映画製作会社。

### バンビ・キノ
Bambi-Kino 〈場〉

　ドイツのハンブルクにあった映画館。デビュー前のビートルズはこの映画館のスクリーン横の暗く汚い小部屋で寝泊まりするハメになった。その憂さ晴らしというわけでもないだろうが、ポールとピートがコンドームに火を点けてボヤ騒ぎを起こして一大事になったという。悪ガキ時代のビートルズならではの笑える話。

## ハンブルク
Hamburg 場

ビートルズの"育ての親"。当時イギリスのビート・バンドはロンドンよりもハンブルクでの人気が高く、トニー・シェリダンや、リンゴが在籍していたロリー・ストーム&ザ・ハリケーンズの名はすでにハンブルクでも知れ渡っていた。東京の歌舞伎町のような歓楽街レーパーバーンでは苦労の絶えない日々を送ったようだが、強靭な肉体と精神はその時に培われたものでもあったのだろう。

## ヒア・トゥデイ
Here Today 曲

ポールのアルバム『タッグ・オブ・ウォー』(82年)に収録された、"永遠のアイドル"ジョンへの追悼曲。ジョージ・マーティンと久しぶりに組んだポールは、「イエスタデイ」にそっくりのメロディとアレンジで、ジョンへの思いを、初めて本心から伝える曲を書き下ろした。『追憶の彼方に〜メモリー・オールモスト・フル』の発売記念シークレット・ライヴを2007年6月27日に行なった際、この曲を演奏中にポールは涙声で歌えなくなった。時うた、そういうことがある。

## ピアノ
Piano 楽

デビュー後しばらくの間は、ピアノと言えばジョージ・マーティンの出番だったが、65年の『ヘルプ!』以降はジョンもポールもレコーディングで鍵盤楽器を弾く機会が増えていった。それでもなお、たとえば「イン・マイ・ライフ」のハープシコードっぽい音色や「ラヴリー・リタ」のホンキー・トンク調の響きなどは、ジョージ・マーティンにしか出せない味だった。後期は「ヘイ・ジュード」や「レット・イット・ビー」をはじめ、ポールの独壇場となる。

## PA
ピーエー

ライヴ会場のステージ上でプレイヤーが演奏をしやすく、また観客が演奏を聴きやすくするための装置のこと。ビートルズがコンサート活動を行なっていた60年代にはまだPAがなく、ステージで演奏している自分たちの音が聴けない状態で歌ったり弾いたりしなければならなかった。しかもあれだけの大歓声である。そうした中でまとまりのある演奏ができた4人は驚異的だ。リンゴはジョンとポールの肩や尻の動きを見て音を合わせていたというのだからすごいと言うしかない。大きなミスは、65年のハリウッド・ボウル公演で演奏された「アイム・ダウン」の途中でポールとリンゴのリズムが真逆になる場面があったことぐらいだろう。

## ピース&ラヴ

ジョンの「ラヴ・アンド・ピース」を受け、リンゴがステージその他でVサインとともに呼びかける一言。リンゴは2008年頃から自身の誕生日の正午に「地球上のどこにいても"ピース&ラヴ"を唱えてほしい」とファンに呼びかけるようになった。

## ピーター&ゴードン
Peter And Gordon 人

ピーター・アッシャーとゴードン・ウォーラーによるデュオ。64年にポールから贈られた「愛なき世界」でデビュー

サンキュー ジェーン

(英米1位)。その後もポールから「逢いたくないさ」「ノーバディ・アイ・ノウ」「ウーマン」などをプレゼントされた。こんなに曲を提供されたのは、ポールが当時ピーターの妹ジェーン・アッシャーと付き合っていたからだろう。ゴードン・ウォーラーは2009年7月17日に死去。

## ピーター・セラーズ
Peter Sellers 人

1925年9月8日、イギリス生まれのコメディアン。ビートルズが10代の頃に愛聴していたラジオ番組『グーン・ショー』に出演。59年、ジョージ・マーティンのプロデュースで『ザ・ベスト・オブ・セラーズ』『ソング・フォー・スウィンギング・セラーズ』を発表。映画『マジック・クリスチャン』(70年)でリンゴと共演した。80年7月24日死去。

## ピーター・フォンダ
Peter Fonda 人

1940年2月23日、ニューヨーク生まれの俳優。ビートルズのアメリカ・ツアー中の65年8月24日、ジョンと滞在したロサンジェルスでLSDに興じた時にジョンに語った言葉――「死ぬってどんなことか俺は知っている」をもとにジョンは「シー・セッド・シー・セッド」(『リボルバー』収録)を書いた。

## ビーチ・ボーイズ
The Beach Boys 人

61年にカリフォルニア州で結成。60年代前半は「サーフィン・U.S.A.」など、サーフ・サウンド系の曲が主流だった。ビーチ・ボーイズの『ペット・サウンズ』に触発されてポールが「ペイパーバック・ライター」や『サージェント・ペパーズ』を作ったのは有名な話である。ビーチ・ボーイズのパロディ曲「バック・イン・ザ・U.S.S.R.」に"本物"のコーラスを入れるという案もあったそうだ。ポールは『ペット・サウンズ』収録の「神のみぞ知る」を「オールタイム・フェイヴァリット・ソング」に挙げている。

## ビート・ブラザーズ
The Beat Brothers 人

61年6月と62年5月に、ビートルズがトニー・シェリダンのバック・バンドとして、ポリドールのレコーディング・セッションに参加した際のバンド名。実際には「ビートルズ」とは別に「ビート・ブラザーズ」を名乗るバンドもいるため、どの曲が正真正銘のビートルズの演奏なのか、まぎらわしい。単に、トニー・シェリダンのバック・バンドはすべてその名前で呼ばれていたということだ。

世界ツアー

● アイルランド
（1963／ダブリン）

● 北アイルランド
（1963-1964／ベルファスト）

● カナダ
バンクーバー（1964）
トロント（1964-1966）
モントリオール（1965）

● イングランド
（1962-1966／リヴァプール、マンチェスター、ヨーク、シュールズベリー、バーミンガム、リーズ、ニューカッスル、シェフィールド、ロンドン、ケンブリッジほか）

● ウェールズ
（1962-1965／カーディフ、ランディドノーほか）

● スコットランド
（1963-1965／グラスゴー、エジンバラ、ダンディーほか）

● アメリカ
ワシントンDC（1964,1966）
ニューヨーク（1964-1966）
サンフランシスコ（1964-1966）
フィラデルフィア（1964,1966）
シカゴ（1964-1966）
ロサンジェルス（1965-1966）
その他の都市（1964-1966／シアトル、ニューオーリンズ、ボストン、アトランタ、ヒューストン、サンディエゴ、デトロイト、メンフィス、シンシナティほか）

● スペイン
（1965／マドリード、バルセロナ）

● フランス
（1964-1965／ヴェルサイユ、パリ、リヨン、ニース）

## ピート・ベスト
Pete Best 【人】

　ビートルズの元ドラマー。1941年11月24日生まれ。60年8月、ビートルズがドイツ・ハンブルクへのツアーに向かう時にポールに誘われてバンドに加入。62年8月16日、ビートルズのデビュー直前に解雇された。65年には音楽業界をやめてリヴァプールで公務員の職に就く。88年にピート・ベスト・バンドを結成し、95年と2013年には来日公演を行なった。2013年の来日の際には取材をする機会があり、ジョージが亡くなる前に会ったというネット情報について確認したところ、62年8月以来、ビートルズのメンバーとは誰一人会っていないと語っていた。

## ビートルズ！
Meet The Beatles! 【アル】

　日本編集によるビートルズの日本でのデビュー・アルバム。ジャケットはアメリカ編集盤『ミート・ザ・ビートルズ』のデザインを元にしているが、収録曲は圧倒的にこっちが上である。64年4月5日発売。

## ザ・ビートルズ（ホワイト・アルバム）
The Beatles 【アル】

　オフィシャル全213曲の7分の1にあたる30曲が聴ける9枚目のオリジナル・アルバム。初の2枚組。68年11月22日に発売され、英米1位を記録。一般的には『サージェント・ペパーズ』の評価が高く、評論家筋には『ラバー・ソウル』や『リボルバー』のウケがいいが、マニアはこれ。私もこれ、だ。

## ザ・ビートルズ・アンソロジー
The Beatles Anthology 【アル】

　ビートルズの未発表音源の集大成。クォリーメン時代の最古の音源「ザットル・ビー・ザ・デイ」「イン・スパイト・オブ・オール・ザ・デインジャー」やスタジオでの初期テイクやボツ・テイク、ライヴ音源など、ビートルズの音楽活動を貴重な音源で綴ったマニア必携のアルバムである。

## ビートルズからのラブ・レター
Postcards From The Boys 【本】

　リンゴ初の著作。原題は『Postcards From The Boys』。その名のとおり、60年代半ばから90年代にかけてジョン、ポール、ジョージから受け取った51枚のポストカードがそのまま掲載されている。

## ザ・ビートルズ史
Tune In-The Beatles: All These Years 【本】

　ビートルズ研究の第一人者、マーク・ルイソンが25年の歳月をかけて執筆した『Tune In-The Beatles: All These Years』(2013年)の翻訳版（全3部作のまだ第1部のみ刊行）。ジョージ・マーティンがビートルズと契約した経緯を含め、知られざる新事実がまだまだ多いことに驚かされる。マニアは必読。

### ビートルズ VI
*Beatles VI* (アル)

アメリカ編集盤。65年6月14日に発売されたキャピトルからの7枚目のアルバムで、6週連続1位を記録した。イギリスではベスト・アルバム『オールディーズ』(66年12月)にしか入っていない「バッド・ボーイ」(『ヘルプ!』のセッションのアウトテイク)が聴けるのがいい。

### ビートルズ '65
*Beatles '65* (アル)

アメリカ編集盤。64年12月15日に発売されたキャピトルからの5枚目のアルバムで、1週間で100万枚を売り上げ、9週連続1位を記録した。『ビートルズ・フォー・セール』の曲を中心に構成されている。

### ザ・ビートルズ '65 BOX
*The Capitol Albums Volume 2* (アル)

ボックス・セット『ザ・ビートルズ '64 BOX』の続編。こちらはアメリカ編集盤『アーリー・ビートルズ』『ビートルズ VI』『ヘルプ』『ラバー・ソウル』(1965年3月から12月発売)の4枚をまとめたもので、原題は『The Capitol Albums Volume 2』。

### ザ・ビートルズ '64 BOX
*The Capitol Albums Volume 1* (アル)

ビートルズのアルバムが、CD化に際して基本的にイギリスのオリジナル盤に統一されてから、独自の編集盤として人気のあったアメリカや日本の編集盤は横に追いやられた感があった。しかし、別テイクやエコーの深い曲や、ジャケットのデザインの良さから、アメリカ編集盤のCD化を望む熱心なファンからの声は多かった。そうした要望に応えるかのように登場したボックス・セットの第1弾である。

### ビートルズ・ストーリー
*The Beatles Story* (場)

リヴァプールにあるビートルズに特化した観光スポット。90年にオープン。

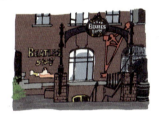

### ビートルズ・ストーリー
(本)

ビートルズの全活動を1年1冊にまとめたイヤー・ブック。編集は藤本国彦と竹部吉晃。

### ザ・ビートルズ・セカンド・アルバム
*The Beatles' Second Album* (アル)

キャピトルからのセカンド・アルバムとして64年4月10日に発売されたアメリカ編集盤。発売直後に100万枚を売り上げ、5週連続1位を記録した。

## ビートルズ台風

ビートルズの日本上陸を喩えた言葉。なぜ「台風」なのかというと、ビートルズの来日は予定では66年6月28日の夕方だったが、台風の影響で翌29日の明け方まで延びたためだ。もし台風にならずにふつうに夕方に到着していたら、東京はもっと大混乱になっていたと思う。

## ビートルズ東京
（本）

ビートルズの来日時に写真家・浅井慎平が同行取材をして撮影した写真集。副題の「100時間のロマン」のとおり、浅井慎平がビートルズの100時間に完全密着し、パンツ1枚で東京ヒルトン・ホテルの廊下をうろつくジョンや三味線を弾くポールなどをゲリラ的に撮影し、高い評価を得た。

## ビートルズ No.2!
The Beatles' Second Album （アル）

『ビートルズ!』に続く日本編集盤。『プリーズ・プリーズ・ミー』と『ウィズ・ザ・ビートルズ』の曲を中心に構成されたアルバムで、ジャケットはアメリカ編集盤『ザ・ビートルズ・セカンド・アルバム』のデザインを流用している。64年6月5日発売。

## ビートルズ No.5!
Beatles No.5 （アル）

『ビートルズ!』『ビートルズ No.2!』に続く3枚目の日本編集盤。EP『ロング・トール・サリー』、ドイツ語版2曲のほかは、それ以前のいわば"残務処理"。特にこれと言った売り文句がない場合に使われる"通好み"という便利な言い回しに最適な内容である。

## ビートルズ バラード・ベスト20
Beatles Ballads （アル）

バラード曲を集めたイギリスの編集盤。日本で言う「バラード」はメロディの良いしっとりとした曲というイメージが強いが、この手のアルバムには普通は入らない「ドゥ・ユー・ウォント・トゥ・ノウ・ア・シークレット」や「悲しみはぶっとばせ」や「ひとりぼっちのあいつ」あたりが含まれているのが風変わりで面白い。

## ビートルズ・フォー・セール
Beatles For Sale （アル）

「1年に2枚のアルバムを発表する」というブライアン・エプスタインとEMIの要請により、コンサート活動の合間を縫って制作された。時間的な制約もあったため、最初の2作と同じくオリジナル8曲、カヴァー6曲の構成となった。アメリカ市場を意識した、よりカントリー／ロカビリー、フォーク色の強い内容である。

## ビートルズ・マンスリー
The Beatles Book （本）

ビートルズの最新情報をいち早く伝えた公認の月刊誌。これを知らないファンはもぐり、である。63年8月号から69年12

月号まで全77冊刊行された。編集長のジョニー・ディーン（ショーン・オマホニー）は長年、架空の人物と言われた。

## ザ・ビートルズ・ムービー・メドレー
The Beatles Movie Medley 曲

　スターズ・オンのビートルズ・メドレーが全米1位になり、なら本家も!と、主演映画使用曲をテンポくつなげた企画シングル。82年10月24日に発売され、英10位・米12位を記録。

## ビートルズ物語
The Beatles' Story アル

　「抱きしめたい」の発売1周年に乗じた商魂たくましい2枚組実録盤。インタビュー中心の内容に肩透かしを食らったファン多数。とはいえ、64年8月23日のハリウッド・ボウルでの「ツイスト・アンド・シャウト」のライヴも一部だけ収録。64年11月23日に発売され、7位まで上がった。

## ザ・ビートルズ・ライヴ!! アット・ザ・BBC
The Beatles Live At The BBC アル

　60年代前半のビートルズのライヴがいかに凄かったか。それが如実にわかる編集盤。63年3月から65年6月まで計52回出演したBBCラジオ音源全92曲270以上のテイクからジョージ・マーティンが選曲した

56曲が収録されており、オフィシャルの「213曲」以外も多数聴ける。ジョンの有無を言わせぬヴォーカルやポールのシャウト、ジョージの溌剌さ、そしてリンゴのドラミング──選曲の幅の広さだけでなく、4人の魅力が存分に味わえるスタジオ・ライヴの秀作である。

## ビートルズ・レポート
本

　ビートルズの日本公演の警備が厳重だったのは、要人護衛の予行演習だったから──ジャーナリスティックな視点で内幕をえぐったルポ・ライターの竹中労編著による名著。

## ザ・ビートルズ 1
The Beatles 1 アル

　2000年11月13日に発売された"ミレニアム・ベスト"。1位の曲だけでアルバム1枚作れてしまうのだから、ビートルズはすごい。でも、それだけでは"真の実力"はほとんど伝わってこない。それが何よりすごい。

## ビートルズを信じない
発

　最初のソロ・アルバム『ジョンの魂』収録の「ゴッド」でジョンはこう歌うのだ──「ビートルズを信じない／ただ僕を信じるだけ、ヨーコと僕を」と。しかもその前にジョンは、魔法も易経も聖書もタロットカードも真言も聖典もヨガもキリストも仏陀も王様もヒットラーもケネディもエルヴィスもディランも信じない、というのだから、2人が「現代のアダムとイヴ」と称されたのもよくわかる。

## ビートルズを叩き出せ！

ビートルズの日本公演を阻止するために、右翼団体の愛国党（赤尾敏総裁）が街宣車の垂れ幕ならびにビラとして配った檄文。曰く「青少年を不良化するビートルズを日本から叩き出せ！」。『時事放談』で小汀利得が言っていることを過激にしたらこうなると思うが、そのくらいビートルズの影響力は日本でも社会的・政治的に広がっていたということだ。当時の愛国党の若い党員に話を伺いたいと昔から思っているが、縁のある方がいたらぜひ教えていただきたい。

## ビートルマニア
*Beatlemania*

63年10月13日にロンドン・パラディアムで行なわれたテレビ番組『サンデイ・ナイト・アット・ザ・ロンドン・パラディアム』用のショーの際に、会場の周りを大勢のファンが取り囲み、ビートルズの登場を今かと待ちわびるファンの熱狂的な状況が生み出された。そうしたファンの熱気あふれる様子をマスコミが名付けた言葉である。「ビートルズマニア」と混同されることもあるが、「ズ」が付くほうは、むしろ情報も含めて収集癖の強いファンのことを指す場合が多い。

## BBCラジオ

ビートルズのスタジオ・ライヴの最高峰の演奏が聴けるラジオ局。90年代以降、ようやく2枚のスタジオ・ライヴ・アルバムが公に発売されたが、70年代に西新宿に足繁く通っていた一番の目的は、これら「213曲」には含まれていない曲と、「ゲット・バック・セッション」の音源を聴くためでもあった。ジョンもポールもジョージも、リンゴでさえ、BBCラジオ出演時の演奏は、どのライヴよりも素晴らしい。というのはちょっと言い過ぎかな。

## 左利き

ポールが左利きなのは有名だが、実はリンゴも左利き。だがドラムもギターも右利きと同じように演奏するのでちょっとまぎらわしい（祖母に右利きに矯正されたという）。ちなみにデビュー前のポールは、右利き用のギターの弦を左利き用に張り替えて使用していた。ポールが左利きでよかったのは、ジョンと向かい合って曲を作る時にギターの方向が同じ向きでサマになることと、ライヴでジョージと並ぶ時にギターがぶつからず見映えがいいこと、である。

## ビッグ・スペシャル
番

76年6月5日から7月31日の土曜日深夜1時〜3時、全9回にわたってビートルズ・ナンバーを全曲放送した画期的なNHKのFMラジオ番組。しかもこの時に流された「グラス・オニオン」は、出だしのドラムが"ダダン、ダダン"じゃなくて"ダンダンダンダン"とドラムがダブ処理されたようなミックスになっていた。その後、全くその音源に出会ったことがない。その時のFM雑誌の番組表には、米盤LP（Capitol SWBO-101）使用と書かれている。

### ひらけポンキッキ
（番）

『セサミ・ストリート』の日本版的子供向け教育番組。73年4月から93年9月までフジテレビ系列局で放映された。「プリーズ・ミスター・ポストマン」「ホエン・アイム・シックスティ・フォー」「レディ・マドンナ」ほかビートルズ・ナンバーが多数使われたため、この番組でビートルズを知ったファンも多い。

### ビリー・ジョエル
Billy Joel（人）

ポールが才能を高く評価した1人。1949年5月9日、ニューヨーク生まれ。ハッスルズ、アッティラを経て、71年に『コールド・スプリング・ハーバー』でソロ・デビュー。77年の『ストレンジャー』が大ヒットし、一躍スターに。『ストレンジャー』からシングル・カットされた「素顔のままで」はポールのお気に入りの1曲である。ビートルズ・フリークで、82年の『ナイロン・カーテン』は、ジョンのような作風とヴォーカルを聴かせた「ローラ」をはじめ、最もビートルズ色の強いアルバムとなった。ライヴでも「シー・ラヴズ・ユー」「ハード・デイズ・ナイト」「僕が泣く」などを取り上げた。ちなみに95年の来日時の懇親会で話をする機会があり、「ビートルズの好きな曲は？」と訊いてみたところ、返ってきた答えは「イエス・イット・イズ」だった。

### ビリー・プレストン
Billy Preston（人）

ビートルズのレコードに初めてクレジットされた外部ミュージシャン。歴史に「れば・たら」はないと言うけれど、彼がいなかったら『アビイ・ロード』は生まれていなかったかもしれない。1946年9月2日、アメリカ、テキサス州生まれ。62年5月にリトル・リチャードのドイツ・ハンブルク公演に同行した際にビートルズと出会い、特にジョージと仲良くなった。69年にビートルズと再会。再会のきっかけは、69年1月の「ゲット・バック・セッション」の途中で一時脱退したジョージが、継続の条件のひとつに外部ミュージシャンを加えることを要望したからだった。人懐っこい性格が受け入れられ、ビートルズ解散後もポールを除く3人の主要作に多数参加した。リンゴのオール・スター・バンドにも参加し、ステージ上で華麗なタップ・ダンスも披露してみせた。2006年6月6日死去。

### ヒルトン・ホテル
（場）

ビートルズが来日時に「缶詰め」になったことで知られる名所のひとつ。正式名称は東京ヒルトンホテル（現キャピトルホテル東急）。ホテル前にファンがあまりに群がるため、赤坂警察署が「ビートルズはファンの方とは会いません。すぐおかえり下さい」という立て看板を出した。

### ビル・ハリー
Bill Harry（人）

デビュー前のビートルズの動向を知る人物の1人。1938年9月17日、リヴァプール生まれ。アートカレッジでジョンとスチュアート・サトクリフと出会う。61年7月6日に地元の音楽事情を紹介する『マージー・ビート』を創刊。デビュー前のビートルズもたびたび登場したため、ブライアン・エプスタインは、レイモンド・ジョーンズに会う前から彼らを知っていた可能性もある。

## ヒロシマ・スカイ・イズ・オールウェイズ・ブルー
Hiroshima Sky Is Always Blue 🎵

　ポールとヨーコの（奇跡の）コラボレーション曲。95年1月28日にポールのサセックスの自宅にポール一家（ポール、リンダ、メアリー、ヘザー、ジェイムズ）とヨーコ一家（ヨーコ、ショーン）が集まりレコーディングされ、「原爆の日」である95年8月6日にNHKで一部が放送された。「レボリューション 9」の90年代版のような前衛作品である。

## FAB
When We Was Fab 🎵

　ジョージのアルバム『クラウド・ナイン』からのセカンド・シングル。「FAB」とは「ファブ・フォー」と呼ばれたビートルズのこと。ジョージもようやく、ビートルズを振り返る（茶化す）気持ちになったということだろう。ビートルズ再結成かと一瞬思わせるPVや、『リボルバー』の一部を流用したジャケットも含め、ジョージの曲で最もビートルズ度が高い。英25位・米23位を記録。

## ファブ・フォー
Fab Four

　ビートルズの愛称。「ファブ」とは"Fabulous"の短縮形"Fab"のこと。イギリスの人気テレビ番組『サンダーバード』でもこの言い回しが出てくる。「素敵な」とか「愉快な」という意味合いもあるが、やはり「イカした4人組」が最もしっくりくる。

## ファン・クラブ

　世界各国に独自のファン・クラブがあるが、公認ファン・クラブはイギリスのみ。ブライアン・エプスタインの秘書のフリーダ・ケリーや、ビートルズの広報担当のトニー・バーロウ（アン・コリンガムの別名を使用）を中心に、63年3月に発足した。67年前半の会報誌には、勝手にヒゲを付け加えた4人の写真が掲載されていた。

## フィードバック

　アンプにギターを近づけて歪みのある音を生み出す、いわば効果的奏法のひとつ。「アイ・フィール・ファイン」のイントロが最も有名。ジョンは偶然の産物だと80年のインタビューで言っていたが、この曲の前に録られた「エイト・デイズ・ア・ウィーク」のセッションの合間にも試されているので、明らかに狙ったものだったのだろう。ジョージ作の「イッツ・オール・トゥ・マッチ」のイントロのフィードバックはさらにサイケデリックな仕上がりだ。

## フィッシュ・アンド・チップス
Fish And Chips

　リヴァプールの食べ物といえばこれ。ビートルズのメンバーもお気に入りだった。リヴァプールとロンドンと日本で食べた経験から言うと、リヴァプールで食べたものがやはり一番。「カレーがけ」なんていうのがあると個人的にはなおうれしい。

マズイと言われるイギリスの料理の中ではイチバンうまいっす！

## フィル・コリンズ
Phil Collins 〈人〉

　1951年1月30日、ロンドン生まれのドラマー。コンサートなどでポールと共演し仲が良いと思いきや、フィルがポールにサインを頼んだところ、「ヘザー（ポールの当時の妻）、僕らのリトル・フィルはちょっとしたビートルズ・ファンのようだ」とからかわれ、それを長年、根に持っていた。そして、「サンデー・タイムズ」紙の取材で、「彼には"僕はビートルズのメンバー、ポール・マッカートニーなんだから、言葉をかわそうとするのは大変なことだ"と思わせるところがある」と答えている。

## フィル・スペクター
Phil Spector 〈人〉

　1940年12月26日、ニューヨーク州生まれのプロデューサー。58年に「会ったとたんに一目ぼれ」で全米1位を獲得。ロネッツなどのガールズグループをプロデュースして、ヒットを飛ばす。口癖は「もっとエコーを！」。音を厚くするのが生きがいと言ってもいい偏執的な性格──よく言えば「凝り性」である。「ザ・ロング・アンド・ワインディング・ロード」のオーケストラのスコアをアップルから依頼されたリチャード・ヒューソンに、「もっとヴァイオリンが必要だ！」などと5分ごとに電話をかけてきたそうだ。2003年に自宅で女性を射殺し、禁固19年の判決を受けて現在も収監中である。

## フィル・ラモーン
Phil Ramone 〈人〉

　1934年1月5日生まれ。ビリー・ジョエルを有名にしたプロデューサーとして知られる。ジョンの息子ジュリアン・レノンのデビュー・アルバム『ヴァロッテ』をプロデュースし、ビートルズマニアにはより身近な存在となった。2013年3月30日死去。

## ブートレグ
Bootleg

　日本語で言う「海賊盤」のこと。非公式・非合法のレコード・CD・DVDなどの総称で、マニアは略して「ブート」と言う。70年代は劣悪な音質のライヴ盤（LP）に高いお金を払い、有り難がって聴いていたが、今はたとえば2017年のポールの武道館公演の、音源どころか映像が翌日西新宿（に限らず）に並ぶご時世である。昔と今、果たしてどっちが有り難いのかな？

## ザ・フール
The Fool 〈人〉

　60年代前半、オランダで結成された5人組のデザイナー集団。『サージェント・ペパーズ』のLP袋のデザインや、『アワ・ワールド』で「愛こそはすべて」を演奏した際の衣装を手掛けるなど、ビートルズ関連のサイケデリックなデザインの多くに関わった。

## Column 俯瞰で見る ビートルズソング

ビートルズの楽曲をマニアな視点でちょっと俯瞰してみましょう！213曲からいろいろなことがわかります。

### 名曲の証!?  \よくカヴァーされる曲/

#### ギネスにも載った！
#### イエスタデイ

ジャズやクラシックなど、ジャンルはまさに全方位。86年のギネスブックによると、1600ほどカヴァーされているらしい。ポールも気に入っているというマーヴィン・ゲイの切ないカヴァーがおススメ。

#### 意外な人気!?
#### ブラックバード

ポールが2017年の武道館公演でトチって微笑ましい話題を呼んだ曲が、予想以上の人気。コリーヌ・ベイリー・レイなど女性の歌声が気持ちいい。

#### R&Bやジャズ界でも多くカヴァー
#### エリナー・リグビー

こちらまた、ポールの曲。この曲は、レイ・チャールズやヴァニラ・ファッジなどの"異種"カヴァーが味わい深い。

### 歌詞によく出る \ビートルズらしい単語/

#### "love" 326回

素敵なラヴ・ソングが多いビートルズ、"love"が多いのは納得。デビュー・シングルも「Love Me Do」。「All You Need Is Love」では、"love"を何回連呼していることか……。

#### "she" 243回

「She Loves You」で初めて、私(I)とあなた(you)ばかりの殻を破り、第三者(彼女)を登場させた。そういう意味で、"she"はビートルズっぽい！

#### "girl" 133回

「Girl」はもちろんのこと、「Thank You Girl」や「Another Girl」など、"girl"は初期から登場するビートルズらしい単語のひとつ。

---

**はみ出し知識**

「レット・イット・ビー」や「ヘルプ」、「ヘイ・ジュード」なども多くカヴァーされています。緩急自在なグランダディの「レボリューション」ほか、原曲をいじったカヴァーが個人的には好みです。

**はみ出し知識**

単純に数えると、Iの1498回が最も多く、続いてはyou(1406回)、the(868回)、to(669回)、me(665回)となるとか。数えたところで何？　という話もありますが、ファンは何でも知りたいものです。

## フール・オン・ザ・ヒル
### The Fool On The Hill 曲

　ガリレオをヒントにポールが書いたと言われる曲で、「行儀良くしていれば、彼にも完璧な歌詞が書ける証さ」と"上からの物言い"をしたのはもちろんジョンである。EP『マジカル・ミステリー・ツアー』に収録。セッション初日の模様を『ミュージック・ライフ』の星加ルミ子編集長が取材し、長谷部宏氏が写真に収めた。長谷部氏がカメラに一応収めておこうと思って撮影したのが、ジョンと話すオノ・ヨーコの姿だった。まだ2人が出会って1年足らずだったが、すでに親密だったのだろう。

## フェンダー・ストラトキャスター
### Fender Stratocaster 楽

　1954年にフェンダー社が発売を開始したエレキ・ギター。ジョンとジョージが65年に購入し、『ヘルプ!』『ラバー・ソウル』『リボルバー』の主要曲──たとえば「ティケット・トゥ・ライド（涙の乗車券）」「ひとりぼっちのあいつ」などに使われた。ジョージは67年にサイケデリックなペイントを施し、「ロッキー」と命名した。

## フェンダー・テレキャスター
### Fender Telecaster 楽

　フェンダーの創業者、レオ・フェンダーが開発したエレキ・ギター。68年12月、ギター職人のロジャー・ロスマイズルとフィル・クビキがジョージに特製のオール・ローズを贈り、ジョージは翌69年1月の「ゲット・バック・セッション」で使用した。映画『レット・イット・ビー』の屋上のライヴ・シーンでもジョージが弾く様子がばっちり観られる。

## フォーエヴァー帯

　70年代前半に東芝EMIから発売されたビートルズの日本盤についていた帯。「フォーエヴァー」は、"THE BEATLES FOREVER"と帯の下部に書かれていたことに由来する。ビートルズ解散後の帯で、緑色が目印。

## 4トラック録音

　「8トラック録音」（p.52参照）の項目で触れたように、シングル「抱きしめたい」（63年10月）から『ザ・ビートルズ』の制作途中（68年7月）までの録音方法。ヴォーカルや楽器を入れられる箱が4つもあれば十分かというとそうでもないが、『サージェント・ペパーズ』も4トラック録音で出来上がったわけだから、入れ物が少なくても発想力さえあればできる、ということだ。

## フォー・ユー・ブルー
### For You Blue 曲

　69年1月の「ゲット・バック・セッション」で、ジョンとポールがジョージの曲で唯一関心を示した曲。それまでの"ジョージ節"とは異なるカントリー・ブルース調の曲で、ジョンはスライド・ギターを加え、ポールも高音部をミュートさせたピアノを聴かせるなど、ジョージのソロ曲にジョンとポールが加わったかのような趣がある。

## 福助

『サージェント・ペパーズ』のジャケットに登場する人形。なぜこれが登場したかというと、66年の日本公演の際にジョンがプレゼントされた（買ったという説もあり）ものを撮影現場に持ってきたからだ。ジャケットに写る他の小物も、4人が自宅から持ち寄ったものだという。

## 不思議の壁
Wonderwall Music 〈アル〉

同名映画のサントラ盤として、ビートルズ時代の68年11月1日に発売されたジョージ初のソロ・アルバム。監督のジョー・マソットから「好きなようにやっていい」と言われたジョージは、映画の各場面の時間をストップ・ウォッチで計り、そこに自作曲を当てはめていったという。

## 藤村俊二
〈人〉

1934年12月8日、神奈川県鎌倉市生まれ。愛称は"おヒョイさん"。大橋巨泉氏や『ミュージック・ライフ』の星加ルミ子編集長とともに出演し、ビートルズの話題も頻繁に登場した60年代のテレビ番組『ビート・ポップス』の振付を担当したほか、日本公演の場内のアナウンスも（密かに）担当したそうである。2017年1月25日死去。

## ふたりだけの窓
The Family Way 〈映〉

ヘンリー・ミルズ主演のラヴ・コメディ映画（67年公開）。サウンドトラック盤はポール初のソロ名義によるアルバムで、ジョージ・マーティンの弦楽アレンジを聴いたポールが、『サージェント・ペパーズ』の着想を得た可能性もある。荘厳なクラシカル調の小品集といった趣だが、映画は相反して、親と同居することになった新婚の夫婦の様子を描いたファミリー・ドラマ。ポールが手掛けた映画音楽は、映画の内容にそぐわないものが多い。

## ブッチャー・カヴァー

ビートルズの発禁ジャケットとして名高い一枚。肉の屠殺人に扮した白衣の4人が、肉片やキューピー人形などと一緒に写るというあまりにグロテスクな写真は、アメリカ編集盤『イエスタデイ・アンド・トゥデイ』のジャケットとなった。即座に回収され、"トランク・カヴァー"と呼ばれる無難な（面白味のない）ジャケットが上に貼られて再発売された。剥がし方の巧拙によって値段が1ケタ異なることもある、その意味でもとんでもないアルバムである。これもまた、状態の綺麗なものは「3ケタ」である。

## 太ったエルヴィス
〈発〉

65年のジョンのこと。売れることを目標にトップのさらに上を目指したジョンが手にしたものは何だったのか。アイドル人生を続けることの重荷に負けた"過食症時代"のジョンが、自分を喩えていった言葉である。曰く「〈ヘルプ〉を作った時、僕は本当に助けを求めて叫んでいたんだよ。"太ったエルヴィス時代"だった。完全に自分を見失っていたね」と。

## フライアー・パーク
Friar Park 場

　ロンドン郊外にあるジョージの大邸宅。70年1月に購入し、3月12日から妻パティと住み始めた。東京ドームを1周するぐらいの広さがあるらしい。実際どんな家かは、ジョージのPV「人生の夜明け」「トゥルー・ラヴ」などを観ればわかる。スタジオもあるが、スタジオの様子は「マイ・スウィート・ロード（2000）」のPVをどうぞ。

## ブライアン・ウィルソン
Brian Wilson 人

　1942年6月20日、カリフォルニア州生まれ。ビーチ・ボーイズのリーダー兼ベーシスト。誕生日がわすかに2日違い（生まれ年も一緒）のポールとは60年代中頃は、ある種のライバル関係にあった。ビーチ・ボーイズの『ペット・サウンズ』に触発されてポールが「ペイパーバック・ライター」や『サージェント・ペパーズ』を作り、ブライアンは『スマイル』を作る、という具合だ。だが『サージェント・ペパーズ』の完成版を聴いたブライアンはその仕上がりに衝撃を受け、『スマイル』をお蔵入りにしてしまった（2004年に改訂版、2011年に編集盤が発売）。

## ブライアン・エプスタイン
Brian Epstein 人

　ジョージ・マーティンと並ぶ「5人目のビートルズ」の2人目。1934年9月19日、リヴァプール生まれ。裕福な家に育ち、舞台俳優を目指すも挫折した後、57年に父からレコード店「NEMS」を譲渡されて経営者となる。61年11月にキャヴァーン・クラブでビートルズを観て惚れ込み、翌12月にマネージャーに就任。ステージ衣装やマナー、髪型などの外見にも気を配り、ビートルズを世界的アイドルに育て上げた。67年8月27日に死去。

## プラスティック・オノ・バンド
Plastic Ono Band 人

　ビートルズ活動中の69年にジョンがヨーコと結成したバンド。ジョンとヨーコがソロ活動を行なう時に使用したバンド名で、ジョンかヨーコのどちらか（あるいは両方）がいるだけで、他に固定メンバーはいない。デビュー・コンサートは69年9月13日にカナダ・トロントのヴァーシティ・スタジアムで行なわれた「ロックンロール・リヴァイヴァル・ショー」のステージである。その時のメンバーはエリック・クラプトン、クラウス・フォアマン、アラン・ホワイトだった。2009年に息子ショーンやコーネリアスの小山田圭吾らを加えて一時再結成した。

## プラスティック・マックス
The Plastic Macs 人

　ポールが「カミング・アップ」のPVの中で付けた"バンド名"。「プラスティック・オノ・バンド」のパロディである。

### ブラックバード
*Blackbird* 曲

「イエスタデイ」をはじめ、ポールにはアコースティック・ギターの秀作が多いが、これもその1曲。ただの"つぐみ"の歌ではない。アメリカで公民権運動が盛んになった頃、人権問題で苦しんでいる黒人女性を励ますために、つぐみを黒人女性に擬人化してポールが書いた曲である。

### フラワーズ・イン・ザ・ダート
*Flowers In The Dirt* アル

90年に行なわれたポールの（正真正銘の）初来日公演記念盤となったアルバム。ファースト・シングル「マイ・ブレイヴ・フェイス」などエルヴィス・コステロとの共作・共演が話題を呼び、80年代半ばに低迷していたポールの完全復活作として大ヒットした。覚えやすいメロディと明快なサウンドが詰まった内容で、ウイングス以来久しぶりに「ライヴで聴きたい」と思わせるバンドでの音作りへと変わったのが本作が売れた最大の要因だろう。

### フラワー・ムーヴメント

平和と愛の象徴として花模様の服を着たり花を配ったりした、60年代後半のムーヴメント。スコット・マッケンジーの「花のサンフランシスコ」がその動きを象徴する代表的な曲だが、対してビートルズは「ベイビー・ユーアー・ア・リッチ・マン」でそうしたロサンジェルスのヒッピー（ビューティフル・ピープル）をからかった。

### フランク・シナトラ
*Frank Sinatra* 人

1915年12月12日、アメリカ・ニュージャージー州生まれの俳優、歌手。「マイ・ウェイ」や「夜のストレンジャー」など多くのヒット曲を生んだ20世紀を代表する歌手の1人。ジョージが書いた「サムシング」を、あまりにメロディがいいせいか、ジョンとポールの曲と勘違いした。ポールは14歳の時に書き上げた「スーサイド」を74年にシナトラに提供したが、「自殺」というタイトルが理由で拒否されたという。「愛の不毛」（74年）は、ジョンがシナトラを思い浮かべて書いた曲である。98年5月14日死去。

### フランシー・シュワルツ
*Francy Schwarz* 人

ポールが恋人ジェーン・アッシャーと別れるきっかけとなった女性（1944年生まれ）。68年の夏前後の（たぶん）数ヵ月だけポールとともに過ごしたガールフレンドで、ジョンはヨーコで、ポールはフランシー、となる可能性もあったかもしれないが、結果的に見れば、ジェーンとリンダの繋ぎに終わった。アップルが宣伝用に作った映像で、『ザ・ビートルズ』のセッションの時に「ブラックバード」を1人で爪弾くポールの横にちょっと離れて座っているのがビートルズ時代の唯一の映像だろうか。えげつないドキュメンタリー作品『Beatles' Biggest Secrets』でポールについてエグイ証言を残している。

## フリー・アズ・ア・バード
Free As A Bird 曲

こんな時に、長生きして良かったと思う。「こんな時」とは、95年11月20日に、テレビ朝日の『ニュースステーション』でビートルズの25年ぶりのこの"新曲"を初めて聴いた時である。ジェフ・リンの協力のもと、77年のジョンのデモ音源にポール、ジョージ、リンゴが追加録音を加えて仕上げた。エンディングのジョンのセリフは"turn that nice again（またうまくいった）"を逆回転にして収録したものだ。

## プリーズ・プリーズ・ミー
Please Please Me アル

63年に発売された記念すべきデビューアルバム。初の全英ツアーの合間を縫って63年2月11日にわずか10時間、すべて一発録りで仕上げられた。しかしうち2曲──「ミズリー」と「ベイビー・イッツ・ユー」は、（たぶん）ジョージのギターが拙かったため、ジョージ・マーティンがそれぞれピアノとチェレスタ（木琴）を後で加えている。英30週連続1位！

## プリーズ・プリーズ・ミー
Please Please Me 曲

ビートルズのイギリスでの快進撃が始まった曲。ジョンのヴォーカルに併走するポールのハーモニー、ジョンの"カモン"の掛け声に奮い立つポールとジョージ

の後追いコーラス、疾走感たっぷりなバンド・サウンド──。初期ビートルズの魅力がすべて詰め込まれている。

## フリーダ・ケリー
Freda Kelly 人

1945年7月14日、アイルランド生まれ。62年から72年までイギリスの公認ファン・クラブの運営に携わり、メンバーに可愛がられた。2013年の来日時のトーク・イベントで「好きなビートルズの曲は？」と訊かれ、「アイム・オンリー・スリーピング」「アイ・フィール・ファイン」「ホワイル・マイ・ギター・ジェントリー・ウィープス」「ディス・ボーイ」を挙げた。

## ブリジット・バルドー
Brigitte Bardot 人

1934年9月28日、パリ生まれの女優、モデル。ジョンのアイドル。ジョンは、付き合い始めたシンシアに「バルドーみたいにしてほしい」と頼み、黒髪のシンシアは金髪に染めた、というのはマニアには有名である。

## ブリティッシュ・インヴェイジョン
British Invasion

ビートルズがアメリカで大ブームを巻き起こしたのに乗じて、次々とアメリカで人気を獲得したイギリスのロック勢の"侵攻"のこと。ローリング・ストーンズ、キンクス、ザ・フーほか多くのバンドがアメリカでも成功を収めた。

## プリンス
*Prince* 人

　1958年6月7日、アメリカ・ミネソタ州生まれ。78年にデビュー。ビートルズのメンバーとの繋がりははっきり言って浅い。それなのに、なぜここに登場したかというと、ジョージが「ロックの殿堂入り」を果たした2004年の授賞式でのステージが衝撃的だったからだ。ジェフ・リンやジョージの息子ダニー、トム・ペティなどが「ホワイル・マイ・ギター・ジェントリー・ウィープス」を演奏している最中にいきなりステージでギターを弾きまくり、(たぶん)みんなが呆気にとられている間にギターを観客にぽんと投げて颯爽と去っていった、そのすべてが最高だった。またそのギターの凄いこと！実はビートルズ好きだったということもこの時に知った。2016年4月21日死去。

## プリンス・オブ・ウェールズ
*Prince of Wales* 場

　ジョンの「宝石ジャラジャラ発言」が飛び出した場所。

## プリンス・トラスト・コンサート
*The Prince's Trust Concert*

　チャールズ皇太子が主宰したイギリス王室主催のコンサート。86年にポール、87年にジョージとリンゴが出演し、ビートルズ・ナンバーを披露した。ポールは「ロ

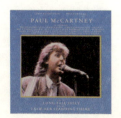

ング・トール・サリー」をオリジナルのキーで歌えたと喜んでいた。

## プルーデンス・ファロウ
*Prudence Farrow* 人

　1948年1月20日、カリフォルニア州生まれ。68年にビートルズと一緒にインドに行き、マハリシの元で瞑想修行を行なうが、「引きこもり」となる。その状況を見てジョンが書いたのが「ディア・プルーデンス」(『ザ・ビートルズ』に収録)である。

## フレイミング・パイ
*Flaming Pie* アル

　ビートルズの"アンソロジー・プロジェクト"での手腕を評価し、ポールが共同プロデューサーにジェフ・リンを迎えて制作したアルバム。リンダの病状が悪化する中で制作されたこともあってか、全体のトーンは暗めだが、90年代のポールのアルバムではこれがベスト。リンダ、息子ジェイムズ、リンゴ、スティーヴ・ミラーなどが参加している。

## ブレインウォッシュト
*Brainwashed* アル

　ジョージの遺作。最初に試聴会で耳にした時には、まさかこんなに溌剌としたジョージの歌声が聴けるとは思わなかったが、歌詞をじっくり読むと、諧謔・皮肉・批判・洞察・達観などが盛り込まれ、ジョージのアルバムで他にはないと思えるほど、中身は深い。洗脳社会を看破したジョージの遺言、である。2002年11月19日に発売され、英29位・米18位を記録。

### フレッド・シーマン
*Frederic Seaman* 人

1952年10月10日生まれ。79年から80年のジョンの個人秘書。ジョンの死後、直筆の日記や家族写真、手紙などをダコタ・ハウスから勝手に持ち出したとして83年に窃盗罪で有罪判決を受ける。日記などは返却したものの、約370枚の写真と、ジョンがポールなどに宛てた書簡などは肌身離さず、である。それを知ったヨーコが99年4月に追訴した。"秘書時代"の出来事をしたためた『ジョン・レノン最後の日々』を91年に刊行。ホントかウソかは別にして、そこにはジョンの自堕落な生活が描かれている。

### フレッド・レノン
*Freddie Lennon* 人

ジョンの実父。1912年、リヴァプール生まれ。船の給仕でほとんど航海に出ていたため、家族で落ち着いて暮らすことはなかった。ジョンが1歳半の時に消息を絶つ。69年には37歳年下の19歳の女性と再婚し、2人の子供をもうけた。"ジョンの父"であることも利用してシングル「ザッツ・マイ・ライフ」を65年に発売した。ある意味、行動様式はジョンっぽい。というかジョンが父親譲りなのか。76年4月1日死去。

オレ似みたいね

### フローズン・ジャップ
*Frozen Jap* 曲

天然ポールの代表曲、と言っていいかもしれない。"ジャップ"は日本人を侮蔑した言葉（差別用語）だが、日本で捕まった翌年にアルバム『マッカートニーⅡ』にこの曲名で収録するというのは、ポールにしかできない芸当だろう。ポールに言わせると、"ジャップ"は親しみを込めた物言いで、曲は「富士山をイメージして作った」そうである。と、批判的に書いているように思われるかもしれないが、こういうポールは憎めなくていいなと思う。ちなみに、日本盤のみ「フローズン・ジャパニーズ」の"邦題"で発売された。

### フロム・ミー・トゥ・ユー
*From Me To You* 曲

3枚目のオリジナル・シングル。63年4月11日に発売され、英1位・米116位を記録。「重要な作品だよ。中間部の展開は曲作りの出発点になり、僕らは一歩進んだ」とポールは自信を得たように力強く語っているが、正直に言うと、個人的にはもうひとつ乗りきれないと昔から思っている曲。たぶん、前後のシングル──「プリーズ・プリーズ・ミー」と「シー・ラヴズ・ユー」が強力すぎるからなのだろう。B面の「サンキュー・ガール」とともに、ファンへの感謝の気持ちを綴った歌詞はいいけれど。

### プロモーション・ヴィデオ
*Promotional Video*

シングルの発売に合わせて作られる映像集のこと。プロモーション・フィルム、プロモーション・クリップとも言う。略してPV。野外撮影やスタジオでの演奏場面などがあるが、個人的にはやはり、芸術性の高い「ストロベリー・フィールズ・フォーエバー」がベスト。パティがかわいい「サムシング」ももちろん、である。

## 心おどる!
## ビートルズグッズ

ビートルズを身近に感じる
いつもそばに置いておきたくなるグッズをご紹介。

### 4人のオブジェ
1963年頃の初々しいビートルズ。写真を元に作られたと思われ、地方で偶然見つけて手に入れた。

### マジカル・ミステリー・ツアーのオルゴール
スノードーム内はジャケット写真をまねて、セイウチに扮するジョンや、カバになりきるポールらが入っている。このような遊び心があるグッズに、ビートルズらしさを感じる。

### アニメ・ビートルズのオーナメント
ファン心をつかむ、"アニメ・ビートルズ"のオーナメント。4人の特徴を見事に表したイラストは、グッズになっても魅力的。これもロンドンで見つけたもの。やはりイギリスのグッズはセンスがいい。

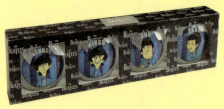

### マトリョーシカ
ロンドンで購入したというミリタリールックのマトリョーシカ。このようなユニークなグッズは、本場イギリスならでは。色違いの赤いものを著者も所有している。

グッズ提供・協力/北村定義さん
撮影/渡辺修司

## ヘイ・ジュード
Hey Jude 🎵

　ビートルズとポールの代表曲。ジョンがヨーコと出会ってシンシアと別居していたので、息子ジュリアンを案じたポールが"ヘイ・ジュリアン"と呼び掛けて元気づけようとしたのが曲の発想の始まり。〈ラスト・ダンスは私に〉をギターで弾いていて思い浮かんだ」というポールの発言を知ってか知らずかはわからないが、キングトーンズが両者を合わせた「ラスト・ダンスはヘイ・ジュード」という曲を81年に発表した。

## ペイパーバック・ライター
Paperback Write 🎵

　レコーディング・アーティストとして大きく踏み出したビートルズの最初のシングル。ポールが弾くエピフォン・カジノによるイントロのギター、ビーチ・ボーイズのブライアン・ウィルソンに影響を受けたという動きまくるベース、そして何層にも重なったポール、ジョン、ジョージによるコーラス──。手紙の文面をそのまま歌詞にするという試みも含めて斬新な曲である。個人的には、B面になった（なってしまった）ジョン作の「レイン」のほうが圧倒的に好きだけれども。

## 平和を我等に
Give Peace A Chance 🎵

　プラスティック・オノ・バンドのデビュー・シングル。「勝利を我等に（We Shall Overcome）」を超えるような歌を作りたいと思っていてね。バスの中でも歌えるような歌だ。単なるラヴ・ソングではなく」とジョンは語っているが、ラップの元祖とも言えるような"囃子言葉"を散々投げかけておいて「平和にチャンスを!」と訴えかける。キャッチ・コピーの名手ジョンならではの名曲だ。

## ベートーヴェンの詩
　リンゴのジョーク。「ロール・オーバー・ベートーヴェン」にかこつけて記者に「ベートーヴェンは好きか?」と訊かれたリンゴはこう返した──「好きだよ。特に詩がね」と。

## ペートルス
　日本武道館館長・正力松太郎氏の言うビートルズのこと。66年6月12日号の『サンデー毎日』に掲載された記事の見出しは「ペートルスというのは何者だ!」とあるが、実際の発言は「あのペートルなんとかちゅうのは、ありゃなんだね。気違いじゃないか」である。他人を批判・揶揄する時に、名前を本当は知っているのに、わざとひねって（というかひねくれて）このように言う人はどの世界にもいる。

## ヘザー・ミルズ
Heather Mills 〈人〉

ポールの元妻。1968年1月12日、ハンプシャー生まれ。リンダの死後、2002年6月11日にアイルランドのレズリー城でポールと結婚（リンゴ夫妻も参列）。しばらくは関係は良好だったが、2008年5月12日に離婚が成立し、ポールが莫大な慰謝料を支払い、芸能ゴシップ記事が世界中に出回った。

愛はお金で買えるわ♥

## ベジタリアン
Vegetarian

菜食主義者。ビートルズの4人はすべてそうだが、特にポール（とリンダ）は筋金入り。ちなみにリンゴは、80年代のアル中の治療後にベジタリアンになったそうだ。

## ベッド・イン
Bed in

ジョンとヨーコが自分たちのハネムーンを利用し、マスコミに平和・反戦運動を宣伝してもらうために行なったイベント。「喜んでピエロになる」——開けっ広げな性格が功を奏し、ハイな状態になっているときは即行動というジョンの「いいところ」が活かされたイベントでもあった。そもそもホテルでレコーディングを行なうという発想自体が新しい。しかも、ビートルズのメンバーでありながら別のバンドのデビュー・シングルとして発表するという思い切りの良さもジョンらしいところだろう。

## 別名（べつめい）

60年のまだシルヴァー・ビートルズ時代に、ジョニー・ジェントルのバック・バンドとして初の海外（スコットランド）ツアーに向かった時のこと。それぞれ名前を変えることになり、ポールはポール・ラモーン、ジョージは敬愛するカール・パーキンスからカール・ハリスン、スチュは画家のニコラ・ド・スタールからスチュアート・ド・スタールと別名を名乗った。ただしジョンだけは変えず、である。ポールはその後、69年にスティーヴ・ミラー・バンドの「暗黒の時間（My Dark Hour）」のレコーディング時にもこの名前を使用し、さらに『ラム』収録の「ラム・オン（Ram On）」も「ラモーン（Ramone）」のもじりだと後に明かした。

## ベトナム戦争（せんそう）

ソ連や中国の支援を受けた北ベトナム軍と南ベトナム軍を支援するアメリカ軍との間で起こった、ベトナムの独立と統一をめぐる戦争。ベトナム戦争への反対の意思を早くから表明していたのはジョンだった。たとえば、「僕らの曲は全部反戦歌だ」（64年）とか「僕たちは毎日ベトナム戦争について考えている。賛成はできないし間違っていると思う」（66年）などの発言がそれだが、ジョンの想いはヨーコと行動を共にすることでより実践的になり、「ベッド・イン」をはじめとした平和・反戦運動へと結びついていった。

## ペニー・レイン
Penny Lane 〈曲〉

ジョンが自分の遊び場「ストロベリー・フィールド」を題材にしたのに対し、ポールが公共の場所（ラウンドアバウト）を題材にして書いたのがこの曲。同じリヴァプールが題材でも2人のアプローチはこんなに違う。サウンドも、ジョンの「ストロベリー・フィールズ」とは対照的に、これぞポールという陰りの全くない明快な仕上がり。英2位・米1位を記録。

## ペニー・レインの床屋
[場]

　ポールが「ペニー・レイン」の歌詞に入れた、リヴァプールのペニー・レインの交差点にある床屋。当時はバイオレットという店名だったが、現在は店主が変わり、トニー・スラヴィン。森高千里が歌った床屋の名前は後者。

## ヘフナー・ベース
Hofner Bass [楽]

　正式名称はヘフナー500/1。ポールがまず61年に1本目を入手し、63年の『ウィズ・ザ・ビートルズ』まで使用。2本目は63年10月に購入し、65年の『ヘルプ!』までと、69年の「ゲット・バック・セッション」で使用した（1本目は紛失したらしい）。2017年の日本公演のステージで使用したのもこれ、である。

## ヘルター・スケルター
Helter Skelter [曲]

　「最も早いヘヴィ・メタルのひとつ」とジョンが言う「涙の乗車券」を凌駕するビートルズ随一のヘヴィ・メタル。「ヘルター・スケルター」とはイギリスの郊外などにある滑り台のことだが、もちろんポールはそれをモチーフにして、ジョンの「ハッピネス・イズ・ア・ウォーム・ガン」のように性的なニュアンスを持たせた曲に仕上げた。やろうと思えば何でもできるポール、である。『ザ・ビートルズ』に収録。

## ヘルプ!
Help! [アル]

　予約だけで100万枚に達し、9週連続1位を記録。キーボードの多用など初期よりは円熟味があるものの、中期のような熟成された味わいはなく、まだ粗削りなところが多い。言ってみれば、過渡期で、どっちつかず。このアルバムが一番好き、というビートルズ・ファンにあまりお目にかかれないのはそのためかもしれない。

## ヘルプ!
Help! [曲]

　実はジョンの悲痛な叫びだった、とあとでわかった曲。世界的な人気者となり、アイドルのキツさを実感したジョンの行く末は、けっして「バラ色の人生」ではなく、「お先は真っ暗」だった。そしてヨーコと出会って徐々に解放されていく、というのが60年代半ばまでのジョンの物語でもあった。

## ヘルプ！(4人はアイドル)
Help! 映

ビートルズが"商売になる"ことがわかった後に制作された2作目の主演映画。前作は予算が56万ドルのモノクロ映像だったが、今作は予算100万ドルのフル・カラーとなり、バハマやオーストリアなど海外ロケも行なわれた。007シリーズを意識した、リンゴのリング（指輪）を狙う悪党一味とのドタバタ喜劇仕立ての内容となった。「MTVの元祖」とのちに言われた映画だが、個人的ベストは「恋のアドバイス」のスタジオでの演奏シーン。

## ヘレン・シャピロ
Helen Shapiro 人

1946年9月28日、ロンドン生まれの歌手。61年、14歳で「子供じゃないの」でレコード・デビュー。ビートルズから「ミズリー」を贈られたが、歌詞が暗いという理由で歌うのを拒否したという逸話がある。

## 放送禁止

ビートルズでも、いやビートルズだからこそ放送禁止曲はある。ドラッグを連想させるという理由で「ルーシー・イン・ザ・スカイ・ウィズ・ダイアモンズ」（頭文字がLSD）と「ア・デイ・イン・ザ・ライフ」（"I'd love to turn you on"と"4,000 holes"の歌詞）、性的なニュアンスで「ハッピネス・イズ・ア・ウォーム・ガン」、キリストを（文字通りの意味ではないが）歌詞に使った「ジョンとヨーコのバラード」の4曲である。

## ボーイズ

ビートルズのスタッフ、特にマネージャーのブライアン・エプスタインとプロデューサーのジョージ・マーティンが4人を呼ぶ時の言い方、である。ジョンがレコーディングの時に他の3人に呼びかける時に使うこともある。その場合はたいてい"OK, Boys"である。"OK, Lads"（みんなの意）と呼ぶ時もある。

## ポール・イズ・ライヴ
Paul Is Live アル

ポールのライヴ・アルバム。内容はさておき、話題はジャケットに集中した。それもそのはず、『アビイ・ロード』そっくりだからだ。『アビイ・ロード』のジャケットは「ポール死亡説」の理由の1つに挙げられたが、その根拠は「もし生きていたら28歳」——左に停車しているフォルクスワーゲン（別名ビートル）のナンバー・プレートの文字"28 IF"だった。そして24年後、同じフォルクスワーゲンのプレートの文字をポールはこう変更した——"51 IS"（現在51歳）と。アルバム・タイトルの「Live」にライヴとリヴ（生きている）の二重の意味を持たせ、"Paul Is Dead"（ポール死亡説）にも引っかけた粋な洒落だ。

## ポール・サイモン
Paul Simon 人

1941年10月13日、アメリカ・ニュージャージー州生まれ。サイモン&ガーファンクルのデュオで「サウンド・オブ・サイ

レンス」「ミセス・ロビンソン」「明日に架ける橋」などが大ヒット。72年にソロ・デビュー。ボブ・ディランと同じく60年代の交流は少ない。76年11月20日に『サタデー・ナイト・ライヴ』でジョージと共演したほか、ポールとは近年共演が増え、「夢の人」を一緒に演奏する機会がたびたびある。

### ポール死亡説

ビートルズの最も有名な"都市伝説"。69年9月17日にアメリカのドレイク大学の学生新聞に掲載された記事をきっかけに広まった。曰く「66年11月9日(偶然にも? ジョンとヨーコが出会った日)にポールは自動車事故でこの世を去り、以後は"そっくりさんコンテスト"で優勝したウィリアム・キャンベルが代役をつとめた」と。だとしたら、代役は「ヘイ・ジュード」や「レット・イット・ビー」などを書いた凄い作曲家ということになる。

### ポール・マッカートニー
Paul McCartney 〔人〕

1942年6月18日、父ジェームズと母メアリーの長男としてリヴァプールに誕生。57年7月6日にジョンと出会い、10月18日にクォリーメンに加入。リヴァプール・インスティテュートの1学年下にジョージがいた。ジョンと仲の良かったスチュアート・サトクリフが抜け、最初はベースをやるハメになったものの、目立たないベースだからこそ派手にやる、とばかりに、のちに「リード・ベース」と呼ばれるダイナミックな奏法でグループを引っ張った。写真家のリンダ・イーストマンと69年3月12日に結婚。リンダはポールを公私ともに支え続けたが98年に死去。その後、2002年にヘザー・ミルズと再婚(2008年に離婚)。2011年にナンシー・シェヴェルと結婚した。代表作は『ラム』『タッグ・オブ・ウォー』『フレイミング・パイ』など。

### 星加ルミ子
〔人〕

1940年、北海道生まれ。61年、新興楽譜出版社(現シンコーミュージック・エンタテイメント)に入社。『ミュージック・ライフ』編集部に配属。65年に編集長として、日本で初めてビートルズの単独独占取材をロンドンで行なう。以後、69年まで毎年ビートルズのメンバーを取材するという、いわば"奇跡的"な半生を送る。2016年以降、イベントその他でご一緒する機会も多いけれど、喋りも仕事への向き合い方も含めてすべてがプロフェッショナルと、お会いするたびに思う。

### ホット・アズ・サン
Hot As Sun 〔アル〕

69年2月から5月にかけて録音された幻のアルバム。アメリカの『ローリング・ストーン』誌69年9月号に報じられた、「ポール死亡説」より手がかりの少ないビートルズの"都市伝説"のひとつ。『アビイ・ロード』制作前の不確かな情報が噂の出所だった。その後、未発表音源を適当に入れた、写真のような海賊盤が多数作られた。

## ポップ・ゴー・ザ・ビートルズ
Pop Go The Beatles 番

63年にBBCラジオで計15回放送されたビートルズの特別番組。番組のタイトル曲も含め、「213曲」に選ばれなかった曲が多数取り上げられた。

## ボブ・ウーラー
Bob Wooler 人

1926年1月19日、リヴァプール生まれ。キャヴァーン・クラブを中心に活躍したDJ。ビートルズのハンブルク行きに力を尽くした1人である。63年4月にジョンとブライアンがスペイン旅行に2人で行った時、「エプスタインと関係があった」とボブ・ウーラーが語り、それを聞いたジョンにぶん殴られたというエピソードは、彼の名前とセットで必ず出てくる。

## ボブ・グルーエン
Bob Gruen 人

1945年生まれのロック・フォトグラファー。71年にニューヨークに移住したジョンとヨーコと知り合い、ジョンの"土下座"写真やジョンが「NEW YORK CITY」のシャツを着る有名な写真などを撮影した。2005年の写真集刊行時に取材をした際、「70年代後半にダコタ・ハウスにジョンといた時にポールが訪ねてきたんだけど、シャッターを押そうという気持ちはまったく起きなかった。でも撮っておけばよかったかな」と語っていた。

## ボブ・ディラン
Bob Dylan 人

1941年5月24日、アメリカ、ミネソタ州生まれ。62年にアルバム『ボブ・ディラン』でレコード・デビュー。『フリーホイーリン・ボブ・ディラン』を聴いたジョンとジョージが特に影響を受け、ジョンは64年になると黒いサングラスをかけ、ハーモニカ・ホルダーを首から下げて「アイム・ア・ルーザー」を歌ったほか、「時代は変わる」のテンポ感と歌い回しを取り入れた「悲しみはぶっとばせ」を65年に発表。事あるごとにディランを意識した曲作りを続けた。ディラン自身もリヴァプールのミミおばさんの家に「マジカル・ミステリー・バス」に乗って1人ぶらっと行ったり、ポールと曲作りをしてみたいと公言したり、何をしでかすかわからない存在自体が（ジョンと並んで）やっぱり面白い。

## ポリドール
Polydor Records

EMIのパーロフォン・レーベルと契約する前にビートルズが初めてオフィシャル・レコーディングを行なったレコード会社。トニー・シェリダンのバック・バンドとして「マイ・ボニー」ほか計7曲を録音した。デッカ・オーディションよりも演奏の勢いは上。

## ボンゾ・ドッグ・ドゥー・ダー・バンド
Bonzo Dog Doo-Dah Band 人

ビートルズの「ユー・ノウ・マイ・ネーム」やジョージ・マーティンの実験音楽が好きならぜひ聴いてほしいバンド。62年に結成され、67年にテレビ映画『マジカル・ミステリー・ツアー』に出演したほか、ポールがアポロ・C・ヴァーマウス名義でプロデュースした「恋のスペースマン」がヒット。ラトルズの"生みの親"でもある。

風にでも吹かれるか

## マーク・チャップマン
Mark Chapman 👤

　1980年12月8日にジョン・レノンの人生を奪った男。狂信的なファンによる犯行だと報道されたが、FBIやCIAの暗殺説など、真相はいまだ闇の中。「こいつだけは許せない」とポールは言ったそうだ。

## マーク・ハドソン
Mark Hudson 👤

　90年代にリンゴを復活させたプロデューサー兼ミュージシャン。1951年8月23日、オレゴン州ポートランド生まれ。『タイム・テイクス・タイム』に参加してリンゴの信頼を得て、98年の『ヴァーティカル・マン』以降、"側近"として支え続けた。だが、何がリンゴの気に障ったのかはわからないが、2007年にコンビを解消。エルヴィス・コステロやジェフ・リンにはなれなかった不運な関係者である。

## マーク・ボラン
Marc Bolan 👤

　1947年9月30日、ロンドン生まれ。T.レックスで活躍し、グラム・ロックのブームを作った。代表曲は「ゲット・イット・オン」「テレグラム・サム」「20センチュリー・ボーイ」など。リンゴの『リンゴ』(73年)への参加や映画『ボーン・トゥ・ブギー』(72年)での共演など、リンゴとの交流が深い。『ザ・スライダー』(72年)のジャケット写真は、リンゴが出演した映画『ボーン・トゥ・ブギー』の撮影時に、ジョンの自宅で撮られたものだった。そのジャケット写真はリンゴの撮影と言われているが、実際はプロデューサーのトニー・ヴィスコンティだったようだ。

## マーク・ルイソン
Mark Lewisohn 👤

　ビートルズ研究の第一人者。1958年6月16日、ロンドン郊外のキングズベリー生まれ。長年の調査による、事実に基づいた研究書の刊行を地道に続けている。2013年に出た『ザ・ビートルズ史』第1巻には、ジョージ・マーティンが社内不倫のいわば罰としてビートルズと契約することになったという衝撃的な話などが記載されている。

## マーサ
Martha

　ポールの愛犬（オールド・イングリッシュ・シープドッグ）の名前。『ザ・ビートルズ』に収録された「マーサ・マイ・ディア」の主人公である。

## マージー・ビート
Merseybeat

　リヴァプール市内を流れるマージー河（全長112キロ）に由来する、ビートルズをはじめとしたイギリス北部出身のロック・グループの総称。

## マーティン・スコセッシ
Martin Scorsese 👤

　1942年11月17日、ニューヨーク生まれの映画監督。音楽好きで、ザ・バンドの『ラスト・ワルツ』(78年)やマイケル・ジャクソンの16分に及ぶPV「BAD」(87年)、ローリング・ストーンズの『ザ・ローリング・ストーンズ シャイン・ア・ライト』(2008年)などを手掛けた。ビートルズ関連

では、何と言ってもジョージのドキュメンタリー映画『リヴィング・イン・ザ・マテリアル・ワールド』(2011年)を制作した監督として著名である。

## マーティンD-28
*Martin D-28* 楽

ジョンがギブソンJ-160Eに代わるギターとして67年に購入したもので、「ハロー・グッドバイ」のPVにも登場している。ジョンの「ジュリア」やポールの「ブラックバード」をはじめ、アコースティックな名曲がこの超一級品のギターから数多く生まれた。もちろん「楽器」がいいのが理由じゃなく、作る「人」がいいからだけれども。

## マイク・マクギア
*Mike McGear* 人

ポールの2歳下の弟。1944年1月7日、リヴァプール生まれ。本名はピーター・マイケル・マッカートニー。スキャッフォルドを64年に結成した際、有名な兄と比較されるのを嫌い、「マクギア」と名乗った。ビートルズのデビュー前後の写真も多数撮影し、『素顔のマッカートニー』など写真集も多数発表している。

## マイケル・ジャクソン
*Michael Jackson* 人

1958年8月29日、インディアナ州生まれ。ポールが書いた「ガールフレンド」のカヴァーを含む『オフ・ザ・ウォール』発表後、ポールに本格的な曲作りを教わって作った『スリラー』が大ヒット。「ガール・イズ・マイン」「セイ・セイ・セイ」「ザ・マン」と、2人のデュエットも3曲生まれた。稼いだお金でビートルズの楽曲の権利を手にしたため、ポールとは(当然)疎遠に……。2009年6月25日に死去。

恩をアダで…

## マイケル・リンゼイ=ホッグ
*Michael Lindsay-Hogg* 人

1940年5月5日、ニューヨーク生まれの映画・映像監督。オーソン・ウェルズの実子だと2011年に明かした。映画『レット・イット・ビー』の監督。その映画の元になった69年の「ゲット・バック・セッション」では、(ジョンをヨーコから引き離すために)ヨーコのお茶にドラッグを混ぜればいい」とか、「ヨーコが喋れないように黒い袋の中に詰めてしまえばいい」とか過激な発言多数。

## マイ・スウィート・ロード
*My Sweet Load* 曲

ビートルズ解散後のジョージの初のソロ・シングル曲。71年1月15日(アメリカは70年11月23日)に発売され、英米1位を記録する大ヒットとなった。シングル・カットを薦めたのは共同プロデューサーのフィル・スペクターだったという。神への信仰心を切実に歌い込んだ曲で、何重にも重ねたジョージの重厚なコーラスは、まるで宗教歌のようだ。シフォンズの「ヒーズ・ソー・ファイン」に似ていると訴えられ、ジョージは敗訴した。

## マイ・ボニー
*My Bonnie* ㊙

　ビートルズとブライアン・エプスタインの"出会い"の曲。トニー・シェリダンのバック・バンドとして61年6月にドイツでレコーディングされ、同年10月にドイツで、62年1月にイギリスで、62年4月には「マイ・ボニー・ツイスト」のタイトルで日本でもシングルとして発売された。いずれにしても、「ラヴ・ミー・ドゥ」でデビューする前に発売された曲である。ポールのシャウトが小気味良い。

## マウス・ベース

　"口三味線"ならぬ"口ベース"のこと。口で楽器（特に管楽器）の真似をするのはポールの得意技だが、『ザ・ビートルズ』収録の「アイ・ウィル」でポールは、普通にベースを弾くのではなく、"ドゥン、ドゥン"と口真似でやった。

## マジカル・ミステリー・ツアー
*Magical Mystery Tour* ㊙

　ビートルズが脚本・監督を手掛けたテレビ用主演映画のサントラ盤。イギリスでは最後（13枚目）のオリジナルEPとして67年12月8日に発売され、2位を記録。アメリカではそのEP収録曲と、67年に発売された全3枚のシングル曲を加えたアルバムとして67年11月27日に発売された（1位を記録）。87年のビートルズのオリジナル・アルバムのCD化に際し、このアメリカ編集のLPがオリジナル盤に"昇格"した。

## マジカル・ミステリー・ツアー
*Magical Mystery Tour* ㊙

　ビートルズが監督・脚本を手掛け、主演・音楽も担当したテレビ映画。ビートルズの最初の失敗作とまで言われたが、「アイ・アム・ザ・ウォルラス」をはじめとする演奏場面は、音楽映像作品としても最高の仕上がりである。

## マディソン・スクエア・ガーデン
*Madison Square Garden* ㊙

　ニューヨーク市マンハッタン区にあるスポーツ・アリーナ兼エンタテインメント会場。ビートルズの公演は行なわれなかったが、71年の「バングラデシュ・コンサート」や72年の「ワン・トゥ・ワン・コンサート」、ジョンが飛び入り出演した74年のエルトン・ジョンのコンサートなどで使用された。ちなみに、著者が初めてポールの生のステージを観たのもこの会場だった。忘れもしない89年12月11日、12日、15日の3日間。チケットは会場周辺で購入した。

## マジック・アレックス
*Magic Alex* ㊙

　ビートルズ利権に群がる「詐欺師」の代表格。と言って問題があるとしたら、「ペテン師」あるいは「大嘘つき」。1942年5月2日、ギリシャ生まれ。マジック・アレックスはジョンの命名である。65年から69年までビートルズ（特に信じやすいジョン）と親交があり、ギリシャの島をビートルズに買わせようとしたり（自分がギリシャ生まれ

だからだろう)、アップル設立の際に72トラックのスタジオを作ると豪語して「エレクトロニクス部門」を任されたりしたが、「ゲット・バック・セッション」の時に何もできていないことがバレた。2017年1月13日死去。

## マジック・クリスチャン
The Magic Christian ㊥

69年公開の映画。主役のピーター・セラーズなどの大物俳優とともにリンゴが出演した。主題歌の「カム・アンド・ゲット・イット」は、バッドフィンガーのためにポールが書き下ろした曲である。

## マジック・ピアノ
Magic Piano ㊚

ポールが89年の世界ツアー以降、ステージで使っているサイケデリックなペイントを施したアップライト・ピアノ。2017年の日本公演では、ポールが作ったレプリカで「クイーニー・アイ」「New」「フール・オン・ザ・ヒル」「レディ・マドンナ」「ヘイ・ジュード」の5曲を披露した。

## マシュー・ストリート
Mathew Street ㊚

リヴァプールにある小さな通りだが、キャヴァーン・クラブやビートルズのメンバーが通っていたパブ「グレイプス」もあり、リヴァプールに行ったらまずはここ、という観光の名所である。通りの出入口近くにあるハード・デイズ・ナイト・ホテルとビートルズ・ショップもぜひ。

## マスクト・マラウダーズ
Masked Marauders ㊤

ジョンとポールとミック・ジャガーとボブ・ディランによる覆面バンドか? と69年に話題になったグループ。実際は、スーパーバンド・ブームに便乗した冗談(売り文句)だった。

## マダム・タッソー
Madame Tussauds ㊚

ロンドンの観光名所として名高い蠟人形館。タッソーは64年にビートルズの4人を計測したそうで、『サージェント・ペパーズ』のジャケットには、蠟人形館に展示されてあったものが運ばれたという。

蠟人形でございます!

Column

ビートルズ
# ガールフレンド大賞

From me to you!!

歴代のガールフレンドや奥さんを厳選して分析!
勝手に賞を贈ります。

### ＼ 一途で賞 ／

**シンシア・パウエル**

ジョンの希望で黒髪を金色に染める、なんてエピソードはとても健気。癇癪持ちで嫉妬深い若かりし頃のジョンと一緒にいられるのは、シンシア、あなただけ。

大賞

準大賞

### ＼ 男勝りで賞 ／

**リンダ・イーストマン**

写真家、ミュージシャン、料理研究家と、ポールを凌ぐ才能の持ち主!でありつつも、家庭的でもあったリンダ。ポールの理想の人、だったのだろうなぁ。

### 悪女で賞

**ヘザー・ミルズ**

長期間、離婚騒動でモメて、ポールから48億円もの慰謝料を奪うとは、かなりの強者。完敗です。

### 愛の功労者で賞

**ジェーン・アッシャー**

ポールが初期のラヴ・ソングを作る上で必要不可欠だった女性。婚約からの破局。運命はわからないものです。

コラム 167

## ラ・マンで賞

**メイ・パン**
「失われた週末」で、ジョンのどんな姿を見ていたのでしょう。彼女しか知らない顔がありそう。

## 食べたいくらいかわいいで賞

**パティ・ボイド**
ジョージがメロメロになるのもわかるくらいチャーミングなパティ。まるで妖精のようです♡

## 理解が難しいで賞

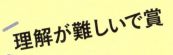

**ヨーコ・オノ**
前衛芸術家ということで、理解困難な言動は多々ありますが、エネルギッシュなヨーコは素敵。

## おしゃれで賞

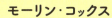

**モーリン・コックス**
モーリンの写真を見ると、どれもとてもファッショナブル。やっぱりいちばんのおしゃれさん!

## なんか普通で賞

**ナンシー・シェヴェル**
ヘザーのこともあってか、ポールの3人目の妻ナンシーはとても普通に見えます。いや、でもそれが一番です。

## マッカートニー
*McCartney* ㋐

ポール初のソロ・アルバム。リンダのヴォーカル以外はポールがすべて1人で仕上げた、いわゆる"宅録"の元祖とも言われる作品。散漫な内容だと当時マスコミから酷評され、ファンも失望させたが、今振り返ってみると、メロディ・サウンド・演奏など、実はポールの広い音楽性（と遊び心）が幕の内弁当のように詰め込まれた魅力的な作品だということがわかる。

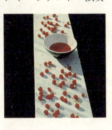

## マッシュルーム・カット
*Mushroom Cut*

60年代、あれでも長髪だったアイドル時代のビートルズの髪型。モップトップ（掃除用具のモップの先）とも言う。日本ではおかっぱ頭が最も近いが、アメリカではプリン型と言っていたのを、映画『EIGHT DAYS A WEEK』で初めて知った。

カツラではない

## 松尾芭蕉 ㋡

ビートルズとどんな繋がりがあるの？と思う方も多いかもしれない。といって、老子に比べると、たいした繋がりがあるわけではない。日本好きのジョンが、ヨーコに教えてもらった芭蕉の俳句に影響を受けて「アクロス・ザ・ユニバース」を書いたと言われている程度である。

## 待った！ ㋨

映画『レット・イット・ビー』で観られるリンゴの発言。1月30日の"ルーフ・トップ・コンサート"で「ディグ・ア・ポニー」の演奏が始まる時に、カウントを取るジョージに向けた一言である。なぜリンゴは「待った」をかけたのかというと、寒さ凌ぎも兼ねて曲の合間にタバコを吸っていたが、消す時間がなく、次の曲が始まりそうになったからである。

## 松田行正 ㋡

1948年10月21日生まれ。グラフィックデザイナー、アートディレクター、装丁家。出版社「牛若丸出版」主宰。拙著『ビートルズ213曲 全 ガイド』『Get Back...Naked』に続き本書のデザインも手掛けた"ビートル頭"の持ち主。高校1年の時にビートルズの日本公演を観に静岡からやってきて、帰りは雨が降ってきて、やることもないので"銀ブラ"してそのまま地元に帰ったという、ステキなエピソードの持ち主でもある。

## マッド・デイ・アウト
*Mad Day Out*

68年7月28日にロンドン市内で1日がかりで行なったフォト・セッションのこと。67年以降は4人が揃って撮影に臨む機会は激減したが、自らの会社アップル設立間もない時期に宣伝活動は不可欠だった。そのためポールの呼びかけで実行に移されたのが、この「無謀な1日」の撮影だった。

## マトリックス
*Matrix*

マニアを一喜一憂させる、レコードの真ん中の溝に記された枝番。『ラバー・ソウル』やウイングスの『バンド・オン・ザ・ラン』などには"ラウド・カット"と呼ばれる盤があり、『リボルバー』の「トゥモロー・ネバー・ノウズ」の別ミックスが聴けるレア盤もある。略して"マト"とも呼ばれる。

## マドンナ
*Madonna* (人)

1958年8月16日、ミシガン州生まれ。84年に「ライク・ア・ヴァージン」が大ヒットし、世界的に有名になる。映画『上海サプライズ』の記者会見にプロデューサーのジョージとともに出席し、宣伝に一役買った。ちなみにポールは、マドンナよりもレディ・ガガを気に入っているようだ。

ガガより上よ！
ポール

## マハリシ・マヘシ・ヨギ
*Maharishi Mahesh Yogi* (人)

ビートルズ物語に登場する最も濃いキャラの持ち主。「目だけ笑ってる人」がたまにいて、マハリシもそう見えなくもないが、むしろ映画『イエロー・サブマリン』に登場するジェレミーに近い。声も。1918年1月12日生まれ。2008年2月5日死去。

ニタ

## 幻の主演映画

66年に3作目の主演映画として制作される予定だった『タレント・フォー・ラヴィング』のこと。安手の西部劇という脚本にエプスタインが難色を示し、制作中止となった。ビートルズが西部劇……何でもありの世界、である。

## 幻の日本公演（ジョン）

もしジョンが殺されていなかったら81年に確実に実現していたコンサート。しかもソロ以降初の記念すべきツアーとなったはずなのに……である。「アルバムに参加したメンバーでツアーをやろう」というベーシスト、トニー・レヴィンの呼びかけに乗り気になったジョンは、同時に作業を進めていた次作『ミルク・アンド・ハニー』（84年）を81年1月に仕上げ、3月からは日本を皮切りに世界ツアーを行なう予定だった。しかも日本公演は3月4日から日本武道館で5回、大阪で数回、ヨーコの希望で広島と京都も含めて計10回と、具体的に話は進んでいた。

## 幻の日本公演（ポール）

ポールの日本公演に関しては3度も幻に終わっている。1度目は75年秋の大麻逮捕の前科、2度目は80年の大麻不法所持の現行犯逮捕、そして3度目は2014年の体調不良である。90年の初来日公演の時にも、ポールの体調を考慮して日程が一部変更になり、7公演が6公演に減った。中止になったその公演しか行けなかったファンが一番気の毒かもしれない。

## マラカス
*Maracas* (楽)

体鳴楽器に分類されるシェイカーの一種。「P.S.アイ・ラヴ・ユー」「ウェイト」などに使われた。

## マル・エヴァンス
Mal Evans 〈人〉

　1935年5月27日、リヴァプール生まれ。ニール・アスピノールに続く2人目のローディー兼アシスタント。ニールとともに4人から最も信頼された。大柄で力持ちだったため、最初のアメリカ公演がワシントン・コロシアムで行なわれた時には、ジョンに呼ばれてステージの台を観客の見えやすい方向に回す役目を果たした。映画『ヘルプ！』に出演したほか、「ユー・ウォント・シー・ミー」「フィキシング・ア・ホール」「ユー・ノウ・マイ・ネーム」など、曲作りやレコーディングにも貢献した。ポールと仲が良く、日本公演の時にホテルを抜け出して皇居にポールと一緒に向かったのもマルである。76年1月4日死去。

## マレー・ザ・K
Murray the K 〈人〉

　1922年2月14日、ニューヨーク生まれのDJ。アメリカ初上陸の際にビートルズの売り込みに力を尽くし（というよりは勝手に張り切り）、「5人目のビートルズ」だと周りにアピールした。ただし、彼らの動きを「ビートルズ時間」と表現したのはナイス。82年2月21日死去。

## 万平ホテル
〈場〉

　1894年に開業した長野県北佐久郡軽井沢町にある老舗ホテル。主夫時代のジョンが家族とともに過ごした場所で、ホテルには、ジョンが弾いたピアノやジョンとショーンの写真などがあり、自由に見られる。

## ミート・ザ・ビートルズ！
Meet The Beatles! 〈アル〉

　アメリカ編集盤。64年1月20日に発売されたキャピトルからの最初のアルバム。11週連続1位を記録し、年間チャートでも1位に輝いた。『ウィズ・ザ・ビートルズ』（63年）の曲を中心に構成されている（ジャケットも転用）。

## ミート・フリー・マンデイ
Meat Free Monday

　動物の権利擁護団体PETAを支持し、ベジタリアンでもあるポールとリンダが2009年に開始したキャンペーン。「月曜日は肉は無し」──週に一度は肉を食べない日を作ろうという提案である。"エイド（救済）"に関心の強いポールは、85年の"ファッション・エイド"の時と同じくキャンペーン・ソングも書いた。

## 見ざる・言わざる・聞かざる
〈発〉

　「ゲット・バック・セッション」の実質4日目となる69年1月7日に、ジョージが他の3人に向けて放った一言。それぞれ、無関心なリンゴ、会話に参加しないジョン、そして自分の意見を主張し続けるポールへの痛烈な皮肉である。ジョージがこの日に5分で作ったのが「アイ・ミー・マイン」だった。

## ミスター・ムーンライト
Mr. Moonlight 〈曲〉

　「ロック・アンド・ロール・ミュージック」と並び、ビートルズの日本公演を語る上で最も欠かせない曲。

当時テレビで放送された日本公演の特番の冒頭、首都高速道路を走るパトカーに先導されてビートルズを乗せた車が続く場面に流れた衝撃度は、それほど強かった。

### 水野晴郎
(人)

1931年7月19日、岡山県生まれ。映画評論家、映画監督、タレント。日本ユナイテッドの宣伝次長だった縁で、64年4月21日にロンドンで映画について海外の記者とともにビートルズの取材を行なった。「日本にぜひ行ってみたい」とその時にジョンは答えたそうだ。『ハード・デイズ・ナイト』に『ビートルズがやって来る ヤァ!ヤァ!ヤァ!』という邦題を付けた人物でもある。

### 味噌汁

80年1月にポールが日本で"クサい飯"を食わされた時についていた日本製スープ。「22番」は、一口味わってみたものの、口に合わなくてそれ以上は飲めなかったらしい。"クサい汁"だったのだろうか。

### ミック・ジャガー
Mick Jagger (人)

1943年7月26日生まれ。言わずと知れたローリング・ストーンズのヴォーカリストである。ポールよりもジョンとウマが合ったようで、当時は未発表に終わったテレビ映画『ロックン・ロール・サーカス』の監督を務めたマイケル・リンゼイ＝ホッグはポールに声をかける予定だったが、ミック・ジャ

ガーが仲の良いジョンを推薦したらしい。

### ミミおばさん
Aunt Mimi (人)

ジョンの伯母で、育ての親。バンドの練習に勤しむジョンに「ギターでは食べてはいけませんよ」と口癖のように言っていたというのは有名な話である。81年にジョンの世界ツアーが実現したら、ジョンはリヴァプールも訪れるつもりでいた。ボブ・グルーエンはこう振り返っている。「ジョンは久しぶりのイギリスも楽しみにしていたよ。友人やミミおばさんに会える」と。

### ミュージック・ライフ
(本)

星加ルミ子編集長が、ビートルズの最新情報をいち早く伝え続けた音楽雑誌（98年12月号で休刊）。ビートルズが初めて表紙を飾った64年4月号は、その表紙が切り取られる書店が続出したという。65年の4人との初対面記事と、67年のセッション立ち合い記事が印象深い。

### ミリタリールック

軍服をファッションとして着こなす――と言えば『サージェント・ペパーズ』のジャケットに登場するビートルズの4人である。日本でもスパイダースなどのGSに多大な影響を与えた。

## メイ・パン
May Pang 〖人〗

　1950年10月24日、ニューヨーク生まれ。70年12月からジョンとヨーコの個人秘書の職に就く。ジョンと別居することに決めたヨーコから「ジョンと一緒にいるように」と半ば強制的に伝えられ、1年半ほどジョンの「失われた週末」に付き合った。ヨーコと離れた途端にポールやリンゴがジョンに近づいていくという"関係"はやっぱり面白いが、だからこそメイ・パンは、70年代のジョンとポールの唯一の2ショットという劇的な写真を撮ることができた。

ヨーコさん
マジですか？！

## メリー・ホプキン
Mary Hopkin 〖人〗

　1950年5月3日生まれ。ウェールズ出身の歌手。トゥイギーに見出され、ポールに気に入られてアップルと契約。ポールのプロデュースによる「悲しき天使」が世界的にヒット。一躍スターの仲間入りとなる。もともとポップ志向ではなかったため、「ケ・セラ・セラ」のレコーディングでは、リンゴまで誘って一所懸命に作業を続けるポールの思いとは裏腹に、ヴォーカル録りの時には「最悪」だと思っていたという。

## メリルボーン登記所
Marylebone Registry Office 〖場〗

　60年代にロンドン中心部にあった役所（現在はウェストミンスター登記所）。ポールとリンダ、リンゴとバーバラ、ポールとナンシーが婚姻届を提出した場所。最初の2組の時は、ジョセフ・ジェパンズ登記係官が申請の受付を担当したそうだ。

## メロトロン
Mellotron 〖楽〗

　65年夏にジョンがおそらく個人では初めて購入し（当時200万円とか）、67年の「ストロベリー・フィールズ・フォーエバー」ではポールがフルートに模した音色を"再生"させた。「コンティニューイング・ストーリー・オブ・バンガロウ・ビル」のイントロに使われたスパニッシュ・ギターがメロトロンの内蔵音源だと確信できたのは、クリムゾンのライヴでロバート・フリップが（おそらくわざと）同じ音源を流してみせた時だった。メンバーは、さすがにあんなふうには弾けない。

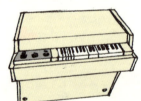

## 毛沢東
もうたくとう 〖人〗

　中華人民共和国の初代国家主席。ジョンは「レボリューション」の歌詞に「毛沢東の写真を持ち歩いているようじゃ世の中は変えられないぞ」という一節を入れた。

### モーリン・クリーヴ
Maureen Cleave (人)

1941年、イギリス生まれのジャーナリスト。63年から66年にかけてビートルズの取材も数多く行なっていた。特にジョンと仲が良く、「ノルウェーの森」の歌詞に出てくる"浮気相手"じゃないかと噂されたりもした。そうした距離の近い関係でもあったため、66年3月にジョンが自宅で取材に応じた際に「キリスト発言」(P.69参照) が飛び出した。

### モーリン・コックス
Maureen Cox (人)

リンゴの最初の妻。1946年8月4日、リヴァプール生まれ。本名はモーリン・スターキー・ティグレット（「モーリーン」表記が最近は増えている）で、愛称はモー。アップル屋上でのコンサートの最後に歓声を上げ、ポールから"Thanks, Mo"と言われたのは彼女である。

どういたしまして
ポール

### モナ・ベスト
Mona Best (人)

ビートルズの元ドラマー、ピート・ベストの母。59年8月29日にリヴァプールの自宅の地下にカスバ・コーヒー・クラブを開店。クラブはキャヴァーン・クラブと並ぶ"ホームグラウンド"だった。ジョンは『サージェント・ペパーズ』のジャケット撮影時にモナに電話をし、モナの祖父の勲章を借りたという。

### モハメド・アリ
Muhammad Ali (人)

1942年1月17日、ケンタッキー州生まれ。世界ヘビー級チャンピオン。初のアメリカ公演で滞在中の64年2月18日にマイアミのジムでビートルズと記念写真を撮り、その1週間後にソニー・リストンを倒し世界チャンピオンになった。

### モンキーズ
The Monkees (人)

66年と67年のビートルズのライバル。オーディションにより65年に結成されたアメリカのアイドル・グループで、「ペイパーバック・ライター」のギター・リフを借用した「恋の終列車 (Last Train To Clarksville)」で66年8月にレコード・デビュー。

### モンティ・パイソン
Monty Python (人)

イギリスの代表的なコメディ・グループ。ジョージとの親交が長く、79年にテリー・ジョーンズが監督を務めたパイソンの映画『ライフ・オブ・ブライアン』は、ジョージが資金援助して完成した作品。2002年のジョージの追悼コンサートにもパイソンのメンバーは参加した。

### モントセラット島
Montserrat (場)

カリブ海の小アンティル諸島に位置する火山島。ジョージ・マーティンが70年代半ばにスタジオを設立し、ポールの『タッグ・オブ・ウォー』など名盤が数多く制作された。89年「ハリケーン・ヒューゴ」の直撃を受け、スタジオは閉鎖。95年と97年にも山の噴火で壊滅的な被害を受け、ポールの呼びかけで97年9月15日にロンドンでチャリティ・コンサートが行なわれた。

## ―1957年7月6日―
# ジョンとポールが出会った日

　リヴァプール、ウールトンのセント・ピーターズ教会でのパーティ（というよりも村祭り）に、ジョン率いるクォリーメンが演奏する機会を得た。ジョンの中学の同級生で、ポールと同じ高校に通うアイヴァン・ヴォーンという知り合いに誘われて、ポールは自転車で教会にやってきた（「土曜日だった」とポールは言っていたので、1957年のカレンダーをいま調べてみたら、たしかにその通りだった）。

　トラックの荷台をステージ代わりに歌う目立つ男─それがジョンだった。「ギターはそれほどでもなかったけど、〈カム・ゴー・ウィズ・ミー〉の歌詞をいい加減に変えて歌うジョンを見て、前髪をカールさせたカッコいいやつだ」とポールは思ったという。

　2回目のステージが始まる前の待合室（ボーイスカウト小屋）で、アイヴァン・ヴォーンを介して2人は出会った。ポールによると、バンドの前で「ホール・ロッタ・シェイキン・ゴーイン・オン」「トゥッティ・フルッティ」「ロング・トール・サリー」をピアノでやり、次に「トゥエンティ・フライト・ロック」をギターでやったそうだ。「ビー・バップ・ア・ルーラ」もやったらしい。

　歌詞を覚える気のない（ビートルズのライヴでもしょっちゅう歌詞を間違えた）ジョンは、「トゥエンティ・フライト・ロック」を正確に歌えるポールに感心しつつ、自分と同じぐらいうまいやつをバンドに入れたらリーダーの座が奪われるんじゃないかと思ったそうだ。

　70年のインタビューでジョンは、「個人的なことにこだわるよりも、対等なパートナーシップに基づいて、グループを最強にすることを第一に考えよう」と決めてポールを仲間に引き入れることにしたと語っている。お互いがともに相手のことを、「エルヴィスに似てた」と言っているのが面白い。

　そして数日後にジョンの親友ピート・ショットンに偶然会ったポールは、ジョンがバンドに誘いたがっているとピートから聞き、「キャンプから帰ってきたら」とあえて間を置いてから（こういうところはポールらしい）アイヴァン・ヴォーンを介してジョンに参加の意思を伝えたのだった。

　ただしクォリーメンの元メンバーは、1957年7月6日にアイヴァン・ヴォーンが連れてきたのはポールではなく、翌週ぐらいにジョンの家に集まった時に2人は出会ったんじゃないかと言っている。待合室でだったとはいえ、ポールがピアノとギターで5、6曲も演奏できるとは思えない。それじゃほとんどポールのステージになってしまうから。

### ヤァ！ブロード・ストリート
Give My Regards To Broad Street 映

ポールが脚本・主演・制作を自ら手掛けた映画（84年公開）。リンゴが共演し、ビートルズ・ナンバーの再演もあるというのだから話題にならないわけがない。しかしフタを開けてみたら、演奏こそ見応えはあったものの、「夢の中で夢を見る」という"夢オチ"にみんなズッコケた。"Give My Regards To Broad Street"という原題に、ビートルズの最初の主演映画のタイトルを拝借した"ヤァ!"を安易に付けた邦題もしかり、である。

### UFO

74年8月23日の夜、ジョンがニューヨーク、マンハッタンの52丁目のアパートでメイ・パンと見た未確認飛行物体のこと。ジョンは、その1ヵ月後に発売されたソロ・アルバム『心の壁、愛の橋』の裏ジャケットに「1974年8月23日 UFOを目撃した。J.L」と書き添え、80年11月にリンゴに提供した「ノーバディ・トールド・ミー」でも、「ニューヨーク上空にUFOがいたって、ぼくはそれほど驚かない」と歌った。

### ユー・ノウ・マイ・ネーム
You Know My Name (Look Up The Number) 曲

ビートルズの最後のオリジナル・シングル「レット・イット・ビー」のB面収録曲。「ラヴ・ミー・ドゥ」に始まり「ユー・ノウ・マイ・ネーム」で終わると

いうのがいかにビートルズっぽいかということは、ある程度聴きこんだらわかることなのかもしれない。期待通りには動かず、肩透かしを食らわせる——それはビートルズの大きな魅力のひとつだ。ジョンがプラスティック・オノ・バンドでシングルとしてこの曲を出そうとしたが、特にポールに却下されたため、ビートルズの最後のシングルに辛うじて収まった。「ビートルズで最も好きな曲かもしれない」と語ったのはポールである。

### 指に水膨れができちゃったよ！ 発

『ザ・ビートルズ』に収録された「ヘルター・スケルター」のエンディングでのリンゴの叫び声。ザ・フーを超えるさらにダーティーな曲を作ろうと思ってポールが書いたというそのビートルズ最大のヘヴィ・メタルは、レコーディングが延々と30分近くも続いた。その間、激しいドラムを叩き続けたリンゴの指に異変が起こり、たまらず叫んだ一言がこれ（"I've got blisters on my fingers!"）だった。「手にマメができちゃったよ！」というとらえ方もあるが、「水膨れ」のほうがブヨブヨでより辛そうだ。

### 夢の旅人
Mull Of Kintyre 曲

ポール所有の農場があるスコットランドの半島の名前（Mull Of Kintyre）をタイトルにしたウイングスのシングル。邦題は、同曲に参加した地元のキャンベル・タウン・パイプ・バンドによる郷愁を誘うバグパイプの音色と、ビートルズの「夢の人」のイメージから石坂敬一氏が付けた。

## 夢の夢
#9 Dream 🎵

ジョンのアルバム『心の壁、愛の橋』からのセカンド・シングル。74年12月16日に発売され、英23位・米9位を記録。アメリカでの最高位が9位となったため、ジョンはのちに「本当にナンバー・ナインになっちゃってね」と語っていた。"Ah, bowakawa pousse, pousse"というコーラスはメイ・パンによるものだが、映像集『レノン・レジェンド〜ザ・ヴェリー・ベスト・オブ・ジョン・レノン』が発売された時、そのコーラス部分に自分の声を重ねたのはヨーコである。

## ユルゲン・フォルマー
Jurgen Vollmer 👤

1941年7月7日（リンゴと同じ誕生日）、ハンブルク生まれの写真家。アストリット・キルヒヘル、クラウス・フォアマンの友人で、デビュー前にビートルズと親しくなった1人。ジョンのソロ・アルバム『ロックン・ロール』のジャケットに使われた写真は彼の撮影だが、経緯が面白い。74年9月、メイ・パンが『トゥー・ヴァージンズ』がこれ以上市場に出回らないようにと買い占めた時に、たまたま61年にハンブルクでユルゲン・フォルマーが撮影したビートルズの写真を見つけ、それが『ロックン・ロール』のジャケットに使われることになった。『ロックン・ロール』に使われた写真を表紙にあしらった初の写真集『ロックン・ロール・タイムズ』を83年に出版した。

## ヨーコ・オノ
Yoko Ono 👤

1933年2月18日、東京生まれ。66年11月9日にジョンと出会い、69年3月20日に結婚。ジョンなくしてヨーコはあり、かもしれないが、ヨーコなくしてジョンはなし、である。それほどジョンにとってヨーコは、「母なる大地」として精神的にも安息の地であり、常に自分を取り戻せる場所だったのだろう。2人の関係は第三者があれこれ邪推できないほど深く強いものだった。たとえ「ビートルズを解散させた女」と批判されても、そう思う。一言で言うなら、「ジョンが好きなんだからいいじゃん」である。

## 4人が描いた絵

日本公演の時にホテルで暇つぶしに描いた絵。"女性"をイメージしたと言われるこの絵は、4人が揃って描いた唯一のものと言われる。ビートルズ・ファン・クラブの下山鉄三郎氏が譲り受けたが、その後、転売され、一時日本人の手元にあったが、いまは海外のコレクターの手に渡った。相場1億円以上かもしれない。

## 48億円

ポールがヘザー・ミルズに支払った慰謝料。60年代に女優ジェーン・アッシャーと付き合っていたポールだが、最初の結婚相手は69年のリンダ・イーストマン。98年にリンダと死別したポールの再婚相手がヘザーだった。ポール・ファン（とポールの娘）には評判の悪いヘザーだが、ポールのほうが惚れ込んでいて、『ドライヴィング・レイン』には「ヘザー」というそのものずばりの曲がある。ちなみにポールは離婚後、このアルバムからの曲は1曲もライヴでやっていない。というか、もう二度とやらないだろう。

## ライヴ・アット・ザ・ハリウッド・ボウル
The Beatles At The Hollywood Bowl

64年と65年の全盛期のステージを収録した初の公式ライヴ盤。ビートルズの登場が告げられ、大絶叫の嵐の中、"叩き上げ"の底力をこれでもかとばかりに見せつける。ビートルズのライヴは演奏がヘタだなんて、いったい誰が言ったのだろうか？ 映画『EIGHT DAYS A WEEK』の公開（2016年）に合わせて新装版が発売された。

## ライヴ8
Live 8

「ライヴ・エイド」から20年後の2005年7月2日、同じくボブ・ゲルドフが提唱したチャリティ・コンサート。ロンドン、フィラデルフィアのほかに、日本、パリ、ローマ、ベルリン、トロント、ヨハネスブルグ、エディンバラ、モスクワの計8都市で開催された。ポールはオープニングでU2と「サージェント・ペパーズ」で共演し、トリで「ゲット・バック」や「ヘイ・ジュード」などビートルズ・ナンバー5曲を演奏した。

## ライヴ・エイド
Live Aid

アフリカ難民救済を目的としたチャリティ・コンサート。85年7月13日にロンドンとフィラデルフィアの2ヵ所で開催された。ポールがイギリスのトリで出演し「レット・イット・ビー」を歌ったが、マイクの不備でヴォーカルが一部聞こえなくなるという不測の事態となった。日本でも生中継され、"Alright"という呼びかけに「いいぞ」「乗ってるかい？」という同時通訳が流れるなど、進行を含むぎこちなさが今となっては懐かしい。

## ライヴ・ピース・イン・トロント
Live Peace In Toronto 1969

69年9月13日、トロントで開催された「ロックンロール・リヴァイヴァル・ショー」に出演したプラスティック・オノ・バンドのライヴ・アルバム。ジョンが出演依頼を受けたのは前日だったが、チャック・ベリー、リトル・リチャード、ジェリー・リー・ルイスら、ロックンロール・ヒーローが一堂に会するなんて、行かない手はない。ジョンはたぶんそう思ったのだろう。エリック・クラプトンらにすぐさま声をかけ、チャーター機の機内で即席のリハーサルを行ない、本番に備えた。そしてジョンは、この1週間後にビートルズ脱退をメンバーに告げたのだった。

## ラヴ
Love

ジョージ&ジャイルズ・マーティン親子プロデュースのビートルズの大々的なリミックス・アルバム。カナダのシルク・ドゥ・ソレイユとビートルズのコラボレーション企画のいわばサウンドトラック盤である。ビートルズの曲を流しながら団員がビートルズの歴史を表現。1曲の中に別の曲のちょっとした断片が大量に詰め込まれていて、どの曲のどの部分が使われているのか、パズルを解くかのようなスリルがある。全部解明できた人はいないんじゃないだろうか。

## ラヴ&ピース
Love and Peace

ジョンとヨーコの平和運動のスローガン

となったメッセージ。ジョンは「マインド・ゲームス」で"make love,not war"（争うんじゃなくて、愛し合おう）と言い換えた。

## ラヴ・ソングス
Love Songs

東芝EMIの石坂敬一氏が『ロックン・ロール・ミュージック』に続いて企画した編集盤。「バラード」と同じく「ラヴ・ソングス」のイメージは海外と日本では異なり、この2枚組には「アイル・ビー・バック」や「テル・ミー・ホワット・ユー・シー」をはじめ、普通なら、というよりも絶対に選ばれないだろうと思う曲が入っている。

## ラヴ・ミー・ドゥ
Love Me Do

記念すべきデビューシングル。英17位は、新人バンドとしては「まあまあ」だろうか。いや、リヴァプールという「片田舎」から出てきた（と見られていた）グループとしては大ヒットである。ゆえにレコード店を経営していたブライアン・エプスタインが大量に買い占めたという噂も流れた。ポールが10代半ば（58年頃）に書き、ジョンが少し手伝ったブルージーな曲なので、63年以降のビートルズ・サウンドに比べると地味で異色――だけれども、だからこそ何度も聴きたくなる不思議な魅力を持っている。

## ラヴィ・シャンカール
Ravi Shankar

ジョージのシタールの先生。1920年4月7日、インド、ワラーナシー生まれ。世界的シタール奏者として知られ、65年にシタールと出会ったジョージを66年に「指導」した。2012年12月11日死去。ノラ・ジョーンズとアヌーシュカ・シャンカールの父としても有名。

## ラッキー・ナンバー

9のこと。ビートルズ時代のジョンの曲に「レボリューション9」と「ワン・アフター・909」があり、解散後のジョンの曲に「#9ドリーム（夢の夢）」がある。ジョンの誕生日は10月9日で、生家はニューキャッスル・ロード9番地。ということでジョンにとってのラッキー・ナンバーは9ということだ。70年に「John Ono Lennon」とミドルネームを変えた時には、「Yoko Ono Lennon」と合わせると「O」が9個あると言って喜んだほどだ。ヨーコと出会ったのは11月9日だが、実際は7日だったのに「9」日にしたという噂がある。

## ラディック・ブルーノート
Ludwig Blue Note

ビートルズの代名詞となったドラム・セット。リンゴは63年春に購入し、5月12日に出演したテレビ番組『サンク・ユア・ラッキー・スターズ』で初お目見え。レコーディングでは63年7月1日に収録の「シー・ラヴズ・ユー」が初めて。以後『アビイ・ロード』でラディックのビッグ・ビートを使用するまで愛用し続けた。

### ラトルズ
*The Rutles* 🧑

　ビートルズの最高峰のパロディ・バンド。バンドのドキュメンタリー番組も制作され、日本でも78年に吹き替え版が放送された。当時、放送は観ていたが、あまりに衝撃（笑撃）的すぎて、マイクをテレビに近づけて録音する暇もなかった。最後に流れた「ゲット・アップ・アンド・ゴー」が、しばらくしてから出たLPに収録されていないことを知った時の残念な思いと言ったら……（ジョンはニール・イネスに、"「ゲット・アップ・アンド・ゴー」は「ゲット・バック」とそっくりなので、ATVに訴えられないよう、気をつけた方がいい"と伝えたという）。

### ラバー・ソウル
*Rubber Soul* 💿

　65年12月3日に発売された6枚目のオリジナル・アルバム。『リボルバー』と並び中期の代表作として人気で、「ドライヴ・マイ・カー」「ノルウェーの森」「ひとりぼっちのあいつ」「ミッシェル」「ガール」「イン・マイ・ライフ」などなど、ほとんどベスト盤と言ってもいいほど名曲が満載。

### ラム
*Ram* 💿

　ポールにとっての2枚目のソロ・アルバム。自由気ままに作った『マッカートニー』が総スカンを食ったため、本気を出して作ったアルバム、である。実はスゴイ、というのがポールのスゴさだとファンは知っている。ゆえに、ウイングスの『バンド・オン・ザ・ラン』と並び、70年代のポールの最高傑作に挙げるファンも多い。

### ラリー・ケイン
*Larry Kane* 🧑

　ニューヨーク生まれのテレビ記者、ラジオDJ、ジャーナリスト。映画『EIGHT DAYS A WEEK』で、映画『ヘルプ！』の取材時にジョンとポールが大麻でラリっていたという回想をしてもアップルから文句を言われない「大物」。

### らりるれレノン
*A Spaniard In The Works* 📖

　65年にジョンが書いた詩と短編小説を集めた作品集。2002年に『らりるれレノン　ジョン・レノン・ナンセンス作品集』のタイトルで発売された。内容は『絵本ジョン・レノンセンス（IN HIS OWN WRITE）』に勝るとも劣らないジョン流"意味無し芳一"語が満載。

### リアル・ラヴ
*Real Love* 🎵

　「フリー・アズ・ア・バード」に続く"再結成"シングル第2弾。ジョンの79年のデモ音源に手が加えられたもので、抒情的な側面が強調された滋味深い曲となった。PVでのポールとジョージの抱擁場面も泣ける。

### リーバー＝ストーラー
Jerry Leiber And Mike Stoller ㊅

アメリカの作曲家コンビ。コースターズ、ドリフターズ、エルヴィス・プレスリーなどに曲を提供した。「サーチン」「ヤングブラッド」「サム・アザー・ガイ」など、「213曲」以外のカヴァーがビートルズには多い。

### リール・ミュージック
Reel Music ㋐

テーマ別の企画の面白さ。それが編集盤の醍醐味だと思うが、ビートルズの5本の主演映画に使われた曲を選りすぐったこの編集盤も、その最たる一枚だろう。メドレー・ブームに便乗した「ザ・ビートルズ・ムービー・メドレー」なるシングルまで作られ、躍動感のある曲の数々に注目が集まった。

### リヴァプール
Liverpool ㊐

ビートルズの"生みの親"。よくぞ同じ時代に同じ町であの4人が出会うことになったと、これこそ神に感謝しなければいけないかもしれない。イギリス北東部の港町は海外貿易の拠点でもあったため、50年代に船員を介してアメリカのロックンロールを耳にする機会が多かった。子供時代の4人も御多分に漏れず、である。ちなみに最後までリヴァプール訛りを聞かせたジョージがやっぱりいいなと思う。

### リヴァプール8
Liverpool 8 ㊛

リンゴが故郷への思いを馳せたアルバムのタイトル曲。この曲の「8」は、2008年にリヴァプール市が欧州文化首都に選ばれた記念の「8」である。先行シングルとして2007年12月4日にダウンロード販売され、2008年1月7日にCDのフォーマットで発売された。英99位を記録。

### リヴィング・イン・ザ・マテリアル・ワールド
Living In The Material World ㊠

ジョージの伝記映画（2011年11月5日公開）。2部構成、全4時間に及ぶ超大作で、ポール、リンゴほか関係者のコメントや知られざるエピソードとともにジョージの人間像を浮き彫りにしている。とくに妻オリヴィアが語る、自宅に忍び込んだ暴漢との格闘は、息を呑むほどリアルで壮絶だ。エリック・クラプトンの軽さとポールのありきたりなコメント、そして仲良しリンゴの涙なくしては観られないエピソードが特に印象的。あくまで個人的主観だが。

### リコーダー
Recorder ㊛

小・中学校の音楽の授業に欠かせない楽器のひとつ。「フール・オン・ザ・ヒル」のセッションに使用されたが、『ミュージック・ライフ』の67年11月号に掲載された、その時のレコーディングの写真を見ると、ポールが座るピアノの周りでジョンやジョージもリコーダーを吹いている様子が見てとれる。

## Column

### ファン心を刺激する!?
# 素敵なパロディ・ジャケット

数ある真似ジャケの中から、オリジナルを超える（?）作品を厳選！

お遊び度、過激度、敬愛度、発想度で評価しています。

## SGT.PEPPER'S LONELY HEARTS CLUB BAND

**＼本家／**

人をただずらりと並べるだけでは能（脳）がない、とばかりに古今東西がこの名盤に挑んだ。

**過激度 ★★★**

**猛毒**
**これで終わりだと思ったら大間違いだ!!（1992）**
つらつら眺めてわかる、毒気と"ノリの悪さ"。しかも元のジャケを塗りつぶしている！

**発想度 ★★★**

**深町純**
**サージェント・ペパーズ（1977）**
まさかこう来るとは思わない、後ろ向きに描くという「逆転の発想」がまさにビートルズ風。

# WITH THE BEATLES

敬愛度 ★★

発想度 ★★

\ 本家 /

一見、誰にでもできそうに思えるが、だからこそセンスが問われる"ハーフ・シャドウ"だ。

**フォーリーブス**
愛と死／青空のおしゃべり（1973）
60年代の日本のアイドルも目指したビートルズ風のジャケ。とっくり（死語）もそっくり。

**White Flag**
Against White Flag（1994）
オリジナルの目だけを全部リンゴに変えてしまうという、手抜きもここまでいけば大胆不敵。

# ABBEY ROAD

敬愛度 ★

お遊び度 ★★

\ 本家 /

ただ並んで歩いているわけではない。スタジオに背を向ける足並み揃った4人が象徴的なのだ。

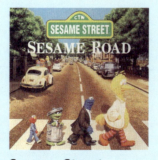

**Sesame Street**
Sesame Road（1995）
有名キャラも"アビイ道路"好き。「ヘイ・フード」など、収録曲までパロディ仕立てだ。

**ネーネーズ**
Reborn（2015）
沖縄の金武（きん）の、3本しかない小さな横断歩道で撮影されたという味のあるジャケ。

### リザーランド・タウンホール
Litherland Town Hall 場

　リヴァプールにあるダンスホール。ビートルズがリヴァプールで最も人気のあるバンドになったことを確信させた伝説的な場所としてファンに知られている。ハンブルク巡業から帰国したわりと直後の60年12月27日、ドイツのバンドだと思われていたビートルズが出演した、1500人というそれまでで最も規模の大きい会場だった。ポールが「ロング・トール・サリー」を歌い始めるや否や、ステージには観客が押し寄せ、凄まじい熱狂の中での演奏になったという。ビートルマニア誕生の瞬間は、一般的に言われているより3年ほど早かったのかもしれない。

### リターン・トゥ・ペパーランド
Return To Pepperland 曲

　『サージェント・ペパーズ』発売20周年記念となる87年にポールがレコーディングした曲。なのになぜか未発表のままである。メロディ・サウンド・ヴォーカル・歌詞……を含めて、解散後に書いたポールのすべての曲の中で、最もポールっぽく、しかもビートルズっぽい曲だと個人的に思う名曲なので、YouTubeなどでぜひ聴いてみてほしい。

### リチャード・ニクソン
Richard Nixon 人

　アメリカの第37代大統領。1913年1月9日、カリフォルニア州生まれ。平和・反戦運動を行なうジョンの影響力を恐れ、FBIを使って「レノン・ファイル」なる極秘調査書を作成し、ジョンを執拗に盗聴・尾行するなどして脅かした。

### リチャード・ヒューソン
Richard Hewson 人

　1943年11月17日生まれ。フィル・スペクターに頼まれて『レット・イット・ビー』のストリングス・アレンジを手掛け、ポールとジョージ・マーティンにしばらく口をきいてもらえなくなったアレンジャー。

### リチャード・レスター
Richard Lester 人

　1932年1月19日、ペンシルベニア州生まれの映画監督。ビートルズ初の主演映画『ハード・デイズ・ナイト』、2作目の主演映画『ヘルプ!』の他に、ジョンの単独出演映画『ジョン・レノンの僕の戦争』(67年)とポールのライヴ・ドキュメンタリー映画『ゲット・バック』(91年)の監督を務めた。ピアノを弾くのが得意で、映画『ハード・デイズ・ナイト』の撮影合間にはポールと仲良く連弾した。

### リッケンバッカー 325
Rickenbacker 325 楽

　ジョンの代名詞とも言えるリッケンバッカー社のエレキ・ギター。「オール・マイ・ラヴィング」の「三連符弾き」をはじめ、シャキッとした音作りが魅力で、ライヴ映えもする初期ビートルズ・サウンドには欠かせない楽器である。

## リッケンバッカー 12弦ギター
*Rickenbacker 360/12* 楽

　ジョージの代名詞とも言えるエレキ・ギター。ビートルズのおかげで名が広く知られた御礼に、リッケンバッカー社はアメリカ初公演時に特製のギターをプレゼント。その中に、これも入っていた。「キャント・バイ・ミー・ラヴ」「ユー・キャント・ドゥ・ザット」などで、通常の倍の弦がある特性を活かし、煌めくようなギター・サウンドを生み出した。

## リッケンバッカー 4001S
*Rickenbacker 4001S* 楽

　ビートルズ中期とウイングス時代のポールの代名詞とも言えるベース。65年8月のアメリカ公演中に初めて手にしたようだ。即座に『ラバー・ソウル』のレコーディングで使用し、以後のポールの主要楽器となり、「リード・ベース」と呼ばれる数々の名フレーズを生み出した。

## リトル・リチャード
*Little Richard* 人

　1932年12月5日、ジョージア州生まれ。ピアノを弾きながらシャウトするロッカーというイメージはポールそのもの。ということで、「ロング・トール・サリー」やBBCラジオ出演時にカヴァーした「ルシール」をはじめ、破壊力抜群のヴォーカルは、明らかにリトル・リチャード譲りだ。

## LIPA
*Liverpool Institune For Performing Arts* 場

　ポールやジョージ・マーティンがさまざまな企業とともに資金援助をし、96年に創立された音楽学校。正式名称はリヴァプール・インスティテュート・フォー・パフォーミング・アーツ。卒業生である日本のAkeboshiというミュージシャンに取材の時に訊いてみたところ、卒業式などにポールはたまに顔を出すそうだ。

## リボルバー
*Revolver* アル

　エンジニアがジェフ・エメリックに代わり、革新的な音作りでアイドルからアーティストへと転身した7枚目のオリジナル・アルバム。66年8月5日に発売され、英7週連続1位を記録した。アルバム・セッションの最初に録音されたのが、最も実験的な「トゥモロー・ネバー・ノウズ」だというのにもびっくり。しかも4人が日本に来た時にはアルバム制作はすべて終わっていたというのだから、日本公演の演奏との落差は「どんだけ!」である。

## リング・オー

　76年1月26日にEMI、キャピトルとの契約が満了となった時に、リンゴが設立した自分のレーベル。「リング・オー」とはもちろん"Ringo"を"Ring O"と2語に分けたものだが、命名したのはジョンだという。

## リンゴ
*Ringo* ㋐

　リンゴの3枚目のソロ・アルバム。ジョン、ポール、ジョージが参加するという、誰にも実現できなかったソロ・アルバムを作れるのはやはりリンゴだけだ。しかも1曲目のジョン作の「アイム・ザ・グレーテスト」には、ポールを除く3人がいきなり参加、である。ベースはポールに代わってビートルズの再結成に加わると噂になったクラウス・フォアマンで、「ゲット・バック」などにも加わっていたビリー・プレストンも入っているのだから、話題にならないわけがない。

## リンゴイズム
㋹

　これもジョンが命名した言葉。リンゴ語と言えばいいだろうか、リンゴには独特の言語感覚がある。その最たる例が"It's been a hard day…'s night"と"Tomorrow never knows"である。文法的には間違っているが、言い回しとしては面白い。そう思ったジョンはどちらも曲名として使うほど気に入り、前者は映画のタイトル曲が書けなかったジョンにとって大きな救いともなった。

## リンゴ・スター
*Ringo Starr* ㋨

　1940年7月7日、リヴァプールに誕生。両親が3歳の時に離婚。幼少の頃から病弱だったが、義父にドラムを買ってもらい音楽に目覚めた。ロリー・ストーム&ザ・ハリケーンズのメンバーとしてビートルズよりも早くリヴァプールやハンブルクで人気を得ていた。62年にビートルズに加入。65年にモーリン・コックスと結婚し、同年に長男ザックが誕生。70年の『センチメンタル・ジャーニー』の発表を機に、ソロ活動を開始。映画俳優としても活躍し、『キャンディ』『マジック・クリスチャン』など出演作も数多い。81年に女優バーバラ・バックと再婚。代表作は『リンゴ』『ヴァーティカル・マン』など。

## リンゴ・スター&ヒズ・オール・スター・バンド
*Ringo Starr And His All-Starr Band* ㋨

　89年にリンゴが結成したコンサート・ツアー用のバンド（バンド名の"Star"は当然"Starr"に）。アルコール依存症からカムバックすると、ザ・バンドのリヴォン・ヘルムやイーグルスのジョー・ウォルシュほか豪華メンバーを集めたスーパー・バンドを結成し、本格的なワールド・ツアーに出た。以後、息子のザックも含め、流動的なメンバーでほぼ2年に1度はアメリカを中心にツアーを続けている。

## りんごすったー

　宝酒造のCMでリンゴを知った人も多かったのではないか。ビートルズのCM史があるとしたら、最上位にくる名言（迷言?）である。リンゴジュースのCMでリンゴにこう言わせたディレクターはエライ。スゴイ。

## リンゴズ・ロートグラヴィア
*Ringo's Rotogravure* ㋐

　リンゴの、ポリドール移籍第1弾となった5作目。『リンゴ』（73年）に次いで「3人」から新曲をプレゼントされたアルバムとなった。本作の宣伝とレナウンの「シンプル・ライフ」のCM撮影も兼ねて66年のビートルズの日本公演以来10年ぶりに来日し、大きな話題を呼んだ。

## リンゴ脱退

68年8月22日、『ザ・ビートルズ』制作半ばに起きた出来事。一言で言うと、自信喪失と仲間外れの意識が原因だった。脱退時にリンゴはイタリアに休暇旅行をし、船長に聞いたタコにまつわる話を元に「オクトパス・ガーデン」を書き上げた。9月4日に行なわれたPV撮影時にグループに復帰。翌日スタジオに戻った時には、"Welcome back"のメッセージとともにドラムキットに花束が置かれていたという。

## リンダ・イーストマン
Linda Eastman 人

ポールすてきよ

ポールの最初の妻。1941年9月24日、ニューヨーク生まれ。60年代中頃から後半にかけて写真家として活躍し、ロック・ミュージシャンも積極的に撮影。67年5月『サージェント・ペパーズ』の完成記念パーティーでポールを撮影する機会を得た。69年3月12日に結婚。71年にウイングスにコーラスとキーボードで参加し、ポールを支え続けた。「恋することのもどかしさ」や「マイ・ラヴ」をはじめ、ポールから捧げられた曲は数多い。98年4月17日死去。

## ルーシー・オドネル
Lucy O'Donnell 人

ジョンの息子ジュリアンの幼なじみ（保育園の友達）で、「ルーシー・イン・ザ・スカイ・ウィズ・ダイアモンズ」の「ルーシー」である。3歳のジュリアンが描いた、ルーシーがダイアモンドと一緒に宙に浮かんでいる絵を見たジョンは、そのまま曲名にも引用しながら幻想的な曲として仕上げた。病気で他界した彼女を偲び、ジュリアンは2009年12月15日に「ルーシー」という追悼シングルを発表した。

## ルーツ
Roots アル

「カム・トゥゲザー」がチャック・ベリーの「ユー・キャント・キャッチ・ミー」の盗作だと、訴訟を起こされそうになったことから生まれた"違法アルバム"。『ロックン・ロール』のラフ・ミックスのテープがもとになっている。ジャケットにピンボケの写真が使われるなど、海賊盤のほうが質が高そうな劣悪なデザインだったが、曲によっては演奏が長かったり、『ロックン・ロール』に未収録の「ビー・マイ・ベイビー」と「エンジェル・ベイビー」も聴けたりするとあって、ジョンの熱烈なマニアは血眼になって——というよりも高いお金を払って本作を探し回った。

## レイモンド・ジョーンズ
Raymond Jones 人

マイ・ボニーってあります？

ブライアン・エプスタインの店に「マイ・ボニー」を買いに行った若者。だがブライアンがそのレコードを知らず、それがきっかけで「ビートルズ」を知ることになった。長年、これは作り話で、若者は架空の人物と言われていたが、2004年にイギリスの「MOJO」に、現在スペインで暮らす彼の近況と若き日の写真が掲載された。

## レインクラウズ
Rainclouds 曲

ジョンが殺された80年12月8日に、ポールがロンドンのAIRスタジオで取りかかっていた曲としてマニアには知られる曲。

## レゲエdeゲリラ
Water 映

ジョージが設立したハンドメイド・フィルムズが制作した映画（85年公開）。映画用に結成されたシンギング・レベルズ・バンド（メンバーはジョージ、リンゴ、エリック・クラプトン、ジョン・ロードなど）も映画に登場する。ジョージはサウンドトラック盤にもマイク・モランらとの共作曲を提供した。

## レコード焼き討ち

ジョンの"キリスト発言"がもとで、66年夏にアメリカ南部で起こった"事件"。映画『EIGHT DAYS A WEEK』でも観られるように、白人の保守層の多いアラバマではラジオのDJがビートルズのレコードを燃やす場所と日時を指定するほど、「反ジョン」「反ビートルズ」を煽った。発売禁止になった"ブッチャー・カヴァー"が大量に燃やされたかと思うと、なんてもったいない! とちょっとだけ思ったりする。

## レット・イット・ビー
Let It Be アル

ビートルズの同名映画のサウンドトラック盤。未発売に終わったアルバム『ゲット・バック』をフィル・スペクターが再編集して完成させた、曰くつきのアルバム。最後のオリジナル・アルバムとあって、日本では当時、ビートルズのアルバムで最も売れた。「ザ・ロング・アンド・ワインディング・ロード」の女性コーラスやオーケストラなどの過剰なアレンジに対してポールは激怒したが、『ゲット・バック』を海賊盤などで聴けばわかるように、散

漫な演奏をドキュメンタリー仕立ての秀作に仕上げたフィルはさすがだ。

## レット・イット・ビー
Let It Be 曲

ビートルズとポールの代表曲。14歳の時に他界した母メアリーが夢に出てきて「あるがままに」というメッセージを伝えたという。難民救済のチャリティ・コンサートでこの曲を歌うのはあんまりじゃないかという声があるが、ポールは「ただ傍観しているのではなく、積極的に動くことであるがままに進む」と語っている。「恋を抱きしめよう」の歌詞で"やってみよう。なんとかなるさ"と"積極的楽観主義"の姿勢をみせたのと心情は同じなのだろう。

## レット・イット・ビー
Let It Be 映

69年1月の「ゲット・バック・セッション」の模様を収めたドキュメンタリー作品。ビートルズがスタジオでどのように曲を仕上げていくのか、その過程が伺える貴重な映像だが、4人の関係がギクシャクしていた時期だったため、ポールとジョージの口論をはじめ、全体のトーンは暗い。映画のハイライトとなった"ルーフ・トップ・コンサート"がそのすべてを拭い去る晴れやかさではある。

## レット・イット・ビー…ネイキッド
Let It Be...Naked アル

『レット・イット・ビー』を良しとしなかったポールの執念が実ったアルバム。もともとポールが意図した、一発録りを基本とした未発表アルバム『ゲット・バック』

のコンセプトを「ありのままに」取り入れた"裸の『レット・イット・ビー』"である。スタジオ・ライヴをそのまま取り入れた骨太のサウンドを聴くと、ライヴ・バンドとしてのビートルズの魅力が再認識できる。

## レディ・マドンナ
*Lady Madonna* 曲

　67年までのサイケデリックなサウンドから一転、ジャズ系のサックス奏者を4人起用し、50年代のロックンロール調の曲へと転換したポールの作品。「ファッツ・ドミノを想定して書いた」と言うように、ニューオーリンズを意識したサウンド作りだが、参考にしたのは、ジョージ・マーティンがプロデュースしたハンフリー・リトルトン・バンドの「バッド・ペニー・ブルース」だった。それを聴くと、イントロのピアノの雰囲気はそっくり。

## レノン＝マッカートニー
*Lennon-McCartney*

　デビュー前から2人のどちらか1人が書いた曲もすべて連名でクレジットされるという取り決めがあったため、ジョンが作詞でポールが作曲と誤解されることもしばしば。ポールは、単独で書いた「イエスタデイ」だけは「マッカートニー＝レノン」もしくは「マッカートニー」のみにしたいと思っているに違いない。

## レボリューション
*Revolution* 曲

　18枚目のオリジナル・シングル「ヘイ・ジュード」のB面収録曲だが、実質的にはA面に匹敵するジョンの傑作である。わかりやすい＝広く受け入れられやすいポールの曲はA面で、より実験的で政治的で個人的で難解なジョンの曲はB面、という流れは66年以降変わらずだ。社会的なメッセージ・ソングはソロ以降のジョンに多いが、ビートルズではこれが初めて。破壊や憎しみによって革命を起こそうとしている人々に対して"世の中よくなっているじゃないか"と呼び掛けたジョンのメッセージが素晴らしい。

## レボリューション9
*Revolution 9* 曲

　ビートルズで一番毛嫌いされている曲かもしれない。一般的に"213番目に好きな曲"はこれだと思うが、これもまた"ビートルズ"である。固定観念で物事を見てはいけないと言われているかのような気にさせられる。

## ロイ・オービソン
*Roy Orbison* 人

　1936年4月23日、テキサス州生まれ。ビートルズが影響を受けたロックンロールの先達の一人。「プリーズ・プリーズ・ミー」はジョンが「オンリー・ザ・ロンリー」を聴いて書いた曲である。ジョージやボブ・ディランなどと結成したトラヴェリング・ウィルベリーズのファースト・アルバム発売直後の88年12月6日に死去。

プリティ・ウーマンだけじゃありませんから

**Column**

あなたは何問 答えられるか!?
# Beatles

ビートルズにまつわるクイズに挑戦!
答えられた数であなたのビートルズ級がわかります。

**Q1** ジョンとポールが初めて会った場所はどこ?
① カスバ・コーヒー・クラブ
② クォリー・バンク・ハイ・スクール
③ ストロベリー・フィールド
④ セント・ピーターズ教会

**Q2** 次の曲のうち、リンゴがドラムを叩いていない曲は?
①「ハウ・ドゥ・ユー・ドゥ・イット」
②「P.S.アイ・ラヴ・ユー」
③「プリーズ・プリーズ・ミー」
④「ラヴ・ミー・ドゥ」

**Q3** 「ミズリー」はもともと誰に提供される予定だった?
① ケニー・リンチ
② デル・シャノン
③ ヘレン・シャピロ
④ ロイ・オービソン

**Q4** デビュー・アルバム『プリーズ・プリーズ・ミー』のジャケットが撮影された場所は?
① EMIハウス
② EMIスタジオ
③ プレイハウス・シアター
④ モンタギュー・プレイス

**Q5** ポールが歌詞から書き始めた曲は?
①「アンド・アイ・ラヴ・ハー」
②「オール・マイ・ラヴィング」
③「イエスタデイ」
④「エリナー・リグビー」

**Q6** 『ウィズ・ザ・ビートルズ』のジャケット写真を撮影したのは?
① アンガス・マクビーン
② デゾ・ホフマン
③ ロバート・ウィテカー
④ ロバート・フリーマン

**Q7** ジョンは誰との会話をヒントに「シー・セッド・シー・セッド」を作った?
❶ ジェーン・フォンダ
❷ ピーター・フォンダ
❸ ミック・ジャガー
❹ マリアンヌ・フェイスフル

**Q8** ジョンはどのテレビを観ていて「グッド・モーニング・グッド・モーニング」のタイトルが浮かんだ?
❶ 機関車トーマス
❷ ケロッグのCM
❸ 熊のルパート
❹ セサミ・ストリート

**Q9** ジョンとヨーコの第一子ショーンの名付け親は?
❶ エルトン・ジョン
❷ デヴィッド・ボウイ
❸ ハリー・ニルソン
❹ リンゴ・スター

**Q10** ポールから「ホエン・アイム・シックスティ・フォー」を披露され、64歳の誕生日を祝福された米大統領は?
❶ ジミー・カーター
❷ バラク・オバマ
❸ ビル・クリントン
❹ リチャード・ニクソン

判定

**（10〜8問正解）**
**ビートルズの関係者**
**なんじゃない級**
関係者とまでは、言い過ぎかもしれませんが、なかなかのビートルズ好きとお見受けします。このままぜひ、ビートルズだけを見て、前へ突き進んでください!!

**（7〜5問正解）**
**中途半端に**
**好きなんでしょ級**
これくらいで"ビートルズが好きです"というのはおこがましい可能性があります。うわべだけではなく、ビートルズにもっとどっぷり浸かってみてはいかがでしょう。

**（4〜0問正解）**
**この本を最初から**
**読み直しましょう級**
たいへん残念ですが、話になりません。まずはこれまでの自分を捨てて、ビートルズと真摯に向き合いましょう。朝の新聞がわりに、この辞典を読むことをおすすめします。

回答

Q1 A:❹ ポール・マッカートニー誕生 Q2 A:❸「P.S.アイ・ラヴ・ユー」 Q3 A:❷ ヘレン・シャピロ Q4 A:❶ EMIハウス Q5 A:❷「チェーン・ギャング」ラヴィン・シャンカール Q6 A:❹ ロバート・フリーマン Q7 A:❷ ピーター・フォンダ Q8 A:❷ ケロッグのCM Q9 A:❶ エルトン・ジョン Q10 A:❸ ビル・クリントン

### ロイヤル・アルバート・ホール
Royal Albert Hall of Arts and Sciences 場

イギリスのヴィクトリア女王の夫、アルバート公に捧げられたロンドンの劇場。「ア・デイ・イン・ザ・ライフ」の歌詞に登場する。

### ロイヤル・ヴァラエティ・パフォーマンス
The Royal Variety Performance

ジョンの有名な"宝石発言"(P.12参照)が飛び出した、63年11月4日に行なわれた王室主催のコンサート。別名「ロイヤル・ヴァラエティ・ショー」。

### 老子
(ろうし) 人

中国の思想家・哲学者。『老子道徳経』の著者。ケンブリッジ大学の教授が、アーサー・ウェイリーによる『道徳経』の英訳を収録した自著をジョージに贈り、「この本の66ページ、47番目の詩はいかがでしょう」との一文を添えた。ジョージはそこに載っていた詩を自作曲「ジ・インナー・ライト」に借用、というわけだ。老子の原文は「不出戸　知天下　不闚牖　見天道／是以聖人不行而知　不見而名　不爲而成」。ぜひ歌詞と見比べてみてほしい。

### ローマ法王とマリファナ
(ほうおう)
The Pope Smokes Dope アル

ニューヨークのストリート・ミュージシャン、デヴィッド・ピールが、ジョンとヨーコのプロデュースで発表したアルバム。過激なタイトルから日本盤は発売禁止となったため、帯付は3ケタ超え確実である。内容は、こう言っては何だが、どの曲も似たり寄ったりの簡易(安易)なアシッド・フォークである。

### ローリング・ストーンズ
The Rolling Stones 人

62年にロンドンで結成された現役最長・最強のロック・バンド。63年に「カム・オン」でレコード・デビュー。続くセカンド・シングル「彼氏になりたい」をジョンとポールから提供され、これをきっかけにミックとキースは共同で曲作りを始める。ジョンとポールが「この世界に愛を」に参加したお返しにミックとキースが「愛こそはすべて」に参加したり、『サージェント・ペパーズ』のジャケットとコンセプトを踏襲した『サタニック・マジェスティーズ』を制作したりと、75年に加入したロン・ウッドを含め、メンバー同士の交流も長く深い。

彼氏になってやってもいいけどな

### ローンチー
Raunchy 曲

ジョージがクォリーメンのオーディションを受け、58年2月に加わるきっかけとなった曲。オーディションと言っても、バスの中でポールにジョンを紹介されたジョージが、その場で弾いた程度だった。

### ロカビリー・セッション
場

85年に、カール・パーキンスの「ブルー・スウェード・シューズ」録音30周年記念として制作された番組。ジョージ、リンゴ、エリック・クラプトンなど、カールに影響を受けたミュージシャンが出演。ジョージは「みんないい娘」や「グラッド・オール・オーヴァー」、リンゴは「ハニー・ドント」など、ビートルズ時代の持ち歌を披露した。

### ロケストラ
*Rokestra*

　ポールが命名した「ロック」と「オーケストラ」を合わせた造語。78年10月3日、アビイ・ロード・スタジオにデイヴ・ギルモア、ピート・タウンゼント、ジョン・ボーナムなど、イギリスを代表するミュージシャン総勢23人を招き、ロック・オーケストラというアイディアを実現した。凄いメンツが集まったわりには、後世語り継がれるということはなぜかまったくないのが不思議だ。時代が悪かったとしか言いようがない。

### ロスト・レノン・テープス
*The Lost Lennon Tapes* 盤

　88年から92年にかけてニューヨークのラジオ局ウェストウッド・ワンで放送された、ジョンの音楽活動を中心に振り返ったシリーズ特番。主夫時代のジョンの未発表音源が多数流され、好評を博した。その中には「フリー・アズ・ア・バード」の元のデモ音源なども含まれており、同名の海賊盤がシリーズで登場するなど裏ルートでも話題となった。

### ロック・アンド・ロール・ミュージック
*Rock And Roll Music* 曲

　日本公演で最初に演奏された曲。「ロング・トール・サリー」と同じくジョージ・マーティンのロックンロール・ピア

ノが印象的な"一発録り"のカヴァー曲。

### ロック・ショー
*Rock Show* 映

　76年のウイングス全盛期のライヴを丸ごと収録したドキュメンタリー映画。2017年の日本公演と同じく、ポールはベース、エレキ・ギター、アコースティック・ギター、ピアノなどを縦横無尽に弾きながら、激しいシャウトを聴かせる最高のロッカーとしての堂々たるパフォーマンスを披露している。

### ロックの殿堂
*The Rock And Roll Hall Of Fame And Museum*

　アメリカでのロック（ロックンロール）の功労賞のひとつで、クリーブランドに博物館がある。ビートルズ（88年）、ジョン（94年）、ポール（99年）、ジョージ（2004年）、そしてリンゴ（2015年）と、いずれも殿堂入りを果たしたが、この時差というか"年差"が不思議。誰がどういう基準で選んでいるのだろうか。

### ロックン・ロール
*Rock'N' Roll* アル

　少年時代に聴き込んだロックンロールを、シンガーに専念してレコーディングするというのがコンセプト。「ツイスト・アンド・シャウト」と同じくジョンのオリジナルと勘違いされることもある「スタンド・バイ・ミー」や「ビー・バップ・ア・ルーラ」をはじめ、ロックンロールが沁みこんだヴォーカリストとしての味わいは随一。さすがジョン、である。

## ロックン・ロール・サーカス
### Rock And Roll Circus 映

　ローリング・ストーンズが企画したテレビ映画。68年12月10日と11日の2日間、トゥイッケナム・フィルム・スタジオで撮影され、11日にはジョンとヨーコがエリック・クラプトン、キース・リチャーズ、ミッチ・ミッチェルをバックに、ビートルズの新曲「ヤー・ブルース」と、ヨーコをフィーチャーした「ホール・ロッタ・ヨーコ」（イヴリー・ギトリスも参加）を"ダーティ・マック"名義で披露した。他の出演者はザ・フー、ジェスロ・タル、タジ・マハール、マリアンヌ・フェイスフルなど。

## ロックンロール・リヴァイヴァル・ショー
### Toronto Rock And Roll Revival 1969

　69年9月13日にカナダ・トロントのヴァーシティ・スタジアムで開催されたコンサート。その名のとおり、チャック・ベリー、リトル・リチャード、ボー・ディドリー、ジェリー・リー・ルイスら、ジョンのロックンロール・ヒーローが一堂に会したショーで、チケットの売れ行き不振のためにジョン（とヨーコ）が駆り出された。この時の模様を収めたライヴ・アルバム『平和の祈りをこめて』は、69年12月12日に発売された。

## ロッド・スチュワート
### Rod Stewart 人

ポールとマブダチ！

　1945年1月10日、ロンドン生まれのロック・ヴォーカリスト。ジェフ・ベック・グループ、フェイセズを経てソロへ。特にポールとの縁が深く、『スマイラー』用にポールはリンダ

との共作曲「マイン・フォー・ミー」を提供し、ライヴでもステージで一緒に歌った。

## ロニー・スペクター
### Ronnie Spector 人

　ロネッツで活躍した女性シンガー。フィル・スペクターのプロデュースで「ビー・マイ・ベイビー」などのヒット曲を生む。63年からビートルズとは交流があり、64年にアメリカに行く前にジョンに「いい店はないか」と訊かれたという。

いい店、あるってば

## ロバート・ウィテカー
### Robert Whitaker 人

　1939年11月13日、イギリス・ハートフォードシャー生まれの写真家。64年6月、ビートルズのオーストラリア公演の際に地元の新聞用にブライアン・エプスタインのインタビュー写真を任され、それが縁で66年までNEMS専属のカメラマンとなる。日本公演にも同行し、ビートルズがステージに上る瞬間の様子やホテル内の写真などを数多く撮影した。2011年9月20日死去。

## ロバート・スティッグウッド
### Robert Stigwood 人

　1934年4月16日、オーストラリア生まれ。66年、NEMSの社員時代にブライアン・エプスタインの要請でビー・ジーズと契約。ブライアン急逝後にはNEMSを離れ、ビー・ジーズやクリームらのマネージメント会社RSOを興した。77年にはビー・ジーズなどを主役に起用した映画『サージャント・ペッパーズ』を制作。

## ロバート・フリーマン
### Robert Freeman 人

　1936年生まれ。ケンブリッジ大学を卒

業後、写真家に。63年から65年にかけて、『ウィズ・ザ・ビートルズ』『ビートルズ・フォー・セール』『ヘルプ!』などのジャケット写真を撮影した。映画『ハード・デイズ・ナイト』のエンディングで観られるクレジット部分の写真のアイディアも彼の提案によるもの。ジョンとシンシアの友人で、2人がロンドンに居を構えることになった時には、フリーマンと同じマンションに移り住んだ。

## ロリー・ストーム＆ザ・ハリケーンズ
Rory Storm And The Hurricanes 人

地元リヴァプールで人気を博していたバンド。リンゴは59年3月に参加し、リンゴの正式加入とともにバンド名をロリー・ストーム＆ザ・ハリケーンズに改めた。リンゴは『ポストカーズ・フロム・パラダイス』のオープニング曲に「ロリー＆ザ・ハリケーンズ」を収録し、当時の思い出を歌い込んだ。

## ロン・ウッド
Ron Wood 人

1947年6月1日、ロンドン生まれのギタリスト。70年代前半にはジョージとの親交が深く、74年には2人の共作曲「ファー・イースト・マン」を収録した初のソロ・アルバム『俺と仲間』を発表した。2014年6月、『ザ・ロニー・ウッド・ショー』にポールがゲスト出演し、「ペギー・スー」などを2人で披露している。

## ザ・ロング・アンド・ワインディング・ロード
The Long And Winding Road 曲

「辿り着けないドア、行き着けない道を歌った」とポールが言う、「レット・イット・ビー」と並ぶポールのピアノの代表的なバラード曲。解散間際のぎりぎりの状況の中、ヨーコを選択したジョンの心を自分のほうに向けることが叶わないポールの思い、とでも言えばいいのだろうか。バンド活動の終わりを意識し、先々の長い道のりへと想いを馳せたポールの心境を淡々と綴った曲とも取れる。

## ロンドン・パヴィリオン
London Pavilion 場

ロンドンのピカデリー・サーカスにある由緒ある劇場。主演映画『ハード・デイズ・ナイト』『ヘルプ!』『イエロー・サブマリン』『レット・イット・ビー』、ジョンが出演した『ジョン・レノンの僕の戦争』がプレミア上映された場所である。

## ロン・ハワード
Ron Howard 人

1954年3月1日、オクラホマ州生まれの映画監督、プロデューサー、俳優。2016年にビートルズのドキュメンタリー・ライヴ映画『EIGHT DAYS A WEEK』を手掛け、9月にロンドンのレスター・スクエアで行なわれたプレミア上映会ではポール、リンゴなどとともに顔を見せた。

## ワイド・オープン 発

　映画『EIGHT DAYS A WEEK』に出てくる印象的な一言。映画『ヘルプ!』撮影時にバハマに足を運んだラリー・ケインが、「調子はどうだい？」とジョンとポールに訊いた時にジョンの口をついて出た言葉だが、ラリーは言葉の意味がわからず、何度か訊き返すうちに2人がマリファナでラリっていることを理解する。日本語に置き換えるとすると、自制の効かない"開けっ広げ"な言動、といったところだろうか。

## ワイルド・ライフ
Wings Wild Life アル

　ウイングスのデビュー・アルバム。実質3日間でベーシック・トラックが録音され、2週間で完成した。ラフで荒削りなサウンド作りはそれほど多くのファンには届かなかったようだが、『ザ・ビートルズ』好きなら、このアルバムもたぶんOK。裏ジャケットのライナーノーツの「クリント・ハリガン」はポールの変名で、『スリリントン』のライナーノーツにも登場している。

## ワシントン・コロシアム
Washington Coliseum 場

　64年2月11日、ビートルズがアメリカで初めてコンサートを行なった会場。会場が円形だったため、4人は、長方形のステージにセットされたドラムを乗せた台を数曲ごとに動かして、四方のすべてに顔を向けて演奏した。DVD『ザ・ファーストU.S.ヴィジット』では、ステージにジェリービーンズが次々と投げ込まれる場面も含めてこの歴史的コンサートの模様がすべて観られる。

## ワンダーウォール
Wonderwall 映

　ジェーン・バーキンが主演した奇妙奇天烈な映画。サウンドトラック盤は監督に依頼されてジョージが担当。アップル・レーベルからの第1弾として発売された。ビートルズ初の"ソロ・アルバム"はこれ。ちなみに、ジャケット内にあしらわれたジョージの顔写真は、アストリット・ケンプ（旧姓キルヒヘル）が撮影したものだ。

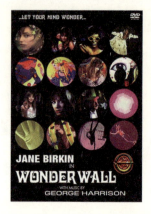

## ワン・トゥ・ワン・コンサート
One To One Concert

　72年8月30日にニューヨークのマディソン・スクエア・ガーデンで開催されたジョンとヨーコ主宰のチャリティ・コンサート。昼夜2回、計4万人を動員し、昼の公演で16曲、夜の公演で13曲を演奏した。70年代のジョンの唯一の（最後の）コンサートとなった。昼の公演で、演奏中に「リハーサルへようこそ」と言うジョンは正直すぎて最高。

**Column** とにかく、ビートルズを祝っちゃおう！
# ビートルズなんでも記念日

## 1月 JANUARY
**30日**
アップル・ビル屋上でラスト・ライヴがあった日（69年）

## 2月 FEBRUARY
**25日**
ジョージの誕生日（43年）

夢見がちな"うお座"

## 3月 MARCH

**22日**
デビューアルバム『プリーズ・プリーズ・ミー』発売日（63年）

ジョンの「アンナ」サイコー！

## 4月 APRIL
**5日**
初のファンクラブが発足した日（62年）

## 5月 MAY
**20日**
最後のアルバム『レット・イット・ビー』発売日（70年）

## 6月 JUNE
**18日**
ポールの誕生日（42年）

"死亡説"は何だったのだ!?

## 7月 JULY
**7日**
リンゴの誕生日（40年）

7月7日生まれとは本当にスターだ！

## 8月 AUGUST
**15日**
シェア・スタジアム公演で屋外公演の世界記録樹立！（65年）

## 9月 SEPTEMBER
**4日**
EMIスタジオで初のレコーディングをした日（62年）

## 10月 OCTOBER
**9日**
ジョンの誕生日（40年）

ショーンの誕生日も一緒！

## 11月 NOVEMBER
**13日**
映画『ヘルプ！／4人はアイドル』が日本で公開！（65年）

ドタバタ劇がおもしろい！

## 12月 DECEMBER
**3日**
ブライアン・エプスタインがマネージャーに就任（61年）

Hi!

## おわりに

『ビートルズ語辞典』をぜひ。
編集の井上幸さんからご連絡をいただいたのは、2016年10月のこと。
版元は『無線と実験』や『子供の科学』などで知られる老舗出版社と聞き、
「真面目で硬いイメージの本なのかな」と最初は思いました。
その後、版元の栁千絵さんも交えて最初に打ち合わせをした際に、
本書のシリーズの『プロレス語辞典』と『カレー語辞典』を見ました。
「あ、これなら大丈夫」
ビートルズ本はあれこれ作ってきましたが、まだこんな切り口もあるのか。
そう思いながらも、ノリを大事に「見出し語」を考えていきました。
「明るく軽く」を合言葉（？）に、です。

有難いことに、過去の著作に引き続き、デザインとイラストは、
松田行正さん、杉本聖士さん、杉本綾子さんが引き受けてくださいました。
こうしてあっと言う間に半年が過ぎ、なんとか1冊にまとまりました。
真面目な項目も中にはありますが、
普通の「辞典」には入らない「見出し語」ならぬ「はみ出し語」を
むしろ楽しんでいただければと思います。
なぜかと言うと、
私がビートルズから得た最も大きなひとつが「遊び心」だからです。
ページをパラパラめくって、笑い飛ばしていただければ、
著者としてそれ以上の喜びはありません。

2017年6月　藤本国彦

## 藤本国彦　ふじもと・くにひこ

1961年、東京生まれ。91年に (株) 音楽出版社に入社し、『CDジャーナル』編集部に所属 (2011年に退社)。2015年にフリーとなり、主にビートルズ関連書籍の編集・執筆やイベントなどを手掛けている。主な編著は『ビートルズ213曲全ガイド』(音楽出版社)、『ビートルズ・ストーリー』シリーズ (音楽出版社ほか)、『GET BACK...NAKED』(牛若丸)、『ビートル・アローン』(ミュージック・マガジン) など。「速水丈」名義での編著も多数。映画『ザ・ビートルズ〜EIGHT DAYS A WEEK』の字幕監修も手掛ける。相撲とカレー好き。

カバー本文デザイン　松田行正＋杉本聖士

DTP　大木真奈美

イラスト　杉本綾子

編集　井上幸

編集協力　藤本豊彦

校正　佑文社

---

ビートルズにまつわる言葉を
イラストと豆知識でヤァ！ヤァ！ヤァ！と読み解く

# ビートルズ語辞典
NDC767

2017年7月18日　発行

著　者　藤本国彦 (ふじもとくにひこ)
発行者　小川雄一
発行所　株式会社　誠文堂新光社
　　　　〒113-0033　東京都文京区本郷 3-3-11
　　　　(編集) 電話 03-5805-7762
　　　　(販売) 電話 03-5800-5325
　　　　http://www.seibundo-shinkosha.net/

印刷・製本　図書印刷 株式会社

©2017,Kunihiko Fujimoto
Printed in Japan　検印省略
(本書掲載記事の無断転用を禁じます)
落丁、乱丁本はお取り替えいたします。

本書のコピー、スキャン、デジタル化等の無断複製は、著作権法上での例外を除き、禁じられています。本書を代行業者等の第三者に依頼してスキャンやデジタル化することは、たとえ個人や家庭内での利用であっても著作権法上認められません。

JCOPY 〈(社) 出版者著作権管理機構 委託出版物〉
本書を無断で複製複写 (コピー) することは、著作権法上での例外を除き、禁じられています。本書をコピーされる場合は、そのつど事前に、(社) 出版者著作権管理機構 (電話 03-3513-6969 ／ FAX 03-3513-6979 ／ e-mail:info@jcopy.or.jp) の許諾を得てください。

ISBN978-4-416-61706-9

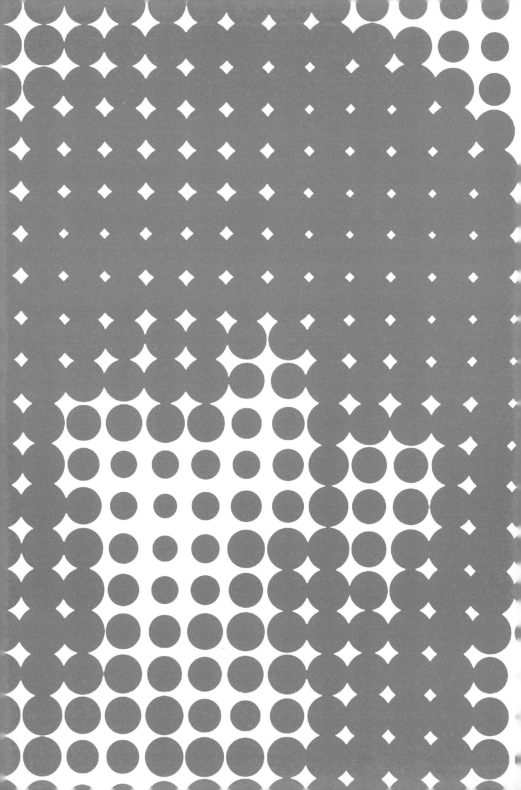